FSC
www.fsc.org

MIX

Papier aus ver-
antwortungsvollen
Quellen
Paper from
responsible sources

FSC® C105338

Herausgeber & Autoren:

Antje Wolf, Dr. phil., Studium der Fremdenver-
kehrsgeographie/Angewandten Geographie in Trier und Promotion an der Universität Paderborn, Fakultät für Kulturwissen-
schaften, arbeitete zunächst einige Jahre als Marketingfachkraft
und Projektkoordinatorin im Destinationsmanagement am west-
lichen Bodensee, bevor sie als Wissenschaftliche Mitarbeiterin an
der FU Berlin und begleitend als Senior Consultant für Reppel +
Partner GmbH und THEMATA Freizeit- und Erlebniswelten
Services GmbH tätig wurde. Aktuell ist sie als Professorin für
Tourismus- und Eventmanagement an der EBC Hochschule
Hamburg beschäftigt. Ihre Forschungsschwerpunkte sind markt-
forschungsgestützte Untersuchungen im Tourismus- und Eventmanagement, Nischenmärkte im Tourismus sowie sozialpsycho-
logische Aspekte der Eventforschung.

Dirk Geest, Diplom-Kaufmann (FH) mit Schwerpunkt
Tourismus und Marketing, hat u.a. bei einem Reiseveranstalter
für Sprach- und Bildungsreisen und an der EBC Hochschule
Hamburg gearbeitet. Heute ist er im Aus- und Weiterbildungs-
bereich an der IHK zu Kiel tätig. „Das Geheimnis der Billigflieger"
(2006) war seine erste Buchveröffentlichung im Tourismus.
www.dirkgeest.de

Antje Wolf

Dirk Geest

Die Urlaubsmacher

Karrierewege im Tourismus

Antje Wolf

Dirk Geest

Die Urlaubsmacher

Karrierewege im Tourismus

Copyright © 2014 Dr. Antje Wolf, Dirk Geest

Foto Titelseite: apops by fotolia

Herstellung und Verlag:

BoD – Books on Demand, Norderstedt

ISBN 978-3-7357-3870-7

Bibliografische Information Der Deutschen Bibliothek

Die Deutsche Bibliothek verzeichnet diese Publikation in der
Deutschen Nationalbibliografie; detaillierte bibliografische Daten
sind im Internet über http://dnb.d-nb.de abrufbar.

Die Urlaubsmacher

Karrierewege im Tourismus

Inhaltsverzeichnis

I. Warum dieses Buch?

Sommer, Sonne, Sand und Meer. Wer fährt nicht gerne in den Urlaub?! Urlaub machen „kann jeder", aber wie ist es, wenn man auf der anderen Seite – der Anbieter- und Dienstleistungsseite – steht und für andere Menschen die schönste Zeit im Jahr planen, einkaufen, durchführen und gegebenenfalls Beschwerden bearbeiten muss?

Es gibt zahlreiche Klischeevorstellungen, insbesondere bei jungen Leuten und Schulabgängern, die bei der Berufswahl gerne ihre Leidenschaft zum Beruf machen möchten und über eine Ausbildung oder ein Studium in der Tourismusbranche nachdenken. Aktuell boomen die Tourismusstudiengänge: Derzeit gibt es rund 70 (Fach-) Hochschulen mit einem tourismusspezifischen Studiengang in Deutschland, und es werden immer mehr. Diese Entwicklung verdeutlicht das gesteigerte Interesse und die hohe Nachfrage nach einer fundierten, akademischen Ausbildung für Nachwuchs-Führungskräfte.

Doch welche Vorstellungen haben junge Leute von den Tätigkeiten in der Tourismusbranche? Im Rahmen unserer täglichen Arbeit an einer Hamburger Hochschule haben wir auf Informationsveranstaltungen an Schulen, Berufsmessen und in der Studienberatung mit Abiturienten und angehenden Studienanfängern immer wieder feststellen müssen, dass diese zu einem großen Teil zwar Interesse am „Tourismus" an sich haben, weil sie selbst schon viel gereist sind und überwiegend positive Erlebnisse damit verbinden, gleichzeitig aber auch recht abenteuerliche Vorstellungen von der Arbeit in der Tourismusbranche haben. „Hotels testen, durch die Welt jetten und ein paar Verträge abschließen", so in etwa haben wir es nicht selten gehört. „Heute hier – morgen dort"; die Branche hat den Ruf, abwechslungsreich, cool und sexy zu sein. Bei jungen Leuten ist das Image nach außen hin positiv behaftet, die Branche besitzt eine enorme Ausstrahlungs- und Anziehungskraft zugleich. Glanz und vielleicht auch ein bisschen Glamour. Dass die Realität meistens eine Andere ist und ein Job in der Reisebranche oftmals auch „nur" ein ganz normaler Bürojob sein kann, ist für Branchen-Insider kein Geheimnis. Aus eigener Erfahrung können wir dies nur bestätigen.

Um diesen Klischeevorstellungen entgegenzuwirken und den zukünftigen Nachwuchskräften (Schüler, Auszubildende, Studierende, Absolventen, Quereinsteiger) einen möglichst objektiven Eindruck von der Urlaubsbranche zu vermitteln, haben wir gestandene Fach- und Führungskräfte aus verschiedenen Bereichen der Tourismusbranche zu Wort kommen lassen und sie zu ihrer Ausbildung bzw. Studium und ihrem beruflichen Werdegang befragt. Wir möchten so einen Beitrag leisten, informieren, aufklären und auch vor möglichen Enttäuschungen schützen.

Die „Urlaubsprofis" stellen in ihren Interviews mit eigenen Worten die Vorzüge dieser faszinierenden Branche dar, vergessen gleichzeitig aber auch nicht die kritischen Aspekte. Die Darstellungsform mit einheitlichen Fragen in den Interviews haben wir bewusst so gewählt, um die Antworten der Experten vergleichbar zu machen. So können Sie – liebe Leserinnen und Leser – beispielsweise die fachlichen, sozialen und persönlichen Voraussetzungen eines Hotelmanagers direkt mit denen einer Führungskraft bei einem Reiseveranstalter vergleichen, aber auch die Querverbindung zu denen eines Reiseredakteurs herstellen.

Die Tourismusbranche ist bunt, vielfältig und es gibt zahlreiche Einsatzbereiche, Möglichkeiten und Tätigkeiten. Wir haben versucht, unterschiedliche Berufsprofile, Facetten und Typen dieser Branche so auszuwählen und darzustellen, dass Sie als „Urlaubsmacher von morgen" ein Gefühl dafür bekommen, wie es in der „schönsten Branche der Welt" tatsächlich zugeht und welche Eigenschaften und Fähigkeiten Sie hierfür mitbringen sollten. Auf dieser Basis liefert Ihnen das Buch eine gute Entscheidungsgrundlage, ob es in Zukunft auch „Ihre" Branche werden wird.

Hamburg, Juni 2014

Dr. Antje Wolf   Dirk Geest

II. Interviews mit Tourismus-Experten

Kategorie: Hotellerie
Unternehmen: Lindner Park-Hotel
Hagenbeck
Name: Fabian Engels
Position: Regional Direktor/Area Director
Lindner Park-Hotel Hagenbeck
Internet: www.lindner.de

*Warum haben Sie sich beruflich ausge-
rechnet für die Tourismusbranche entschieden?*

Für mich war es immer ein Traum, in der
Hotellerie zu arbeiten. Ich reise gerne, bin an
fremden Kulturen interessiert, arbeite gerne in
Teams und erfahre das interkulturelle Management als Bereicherung. All das bietet ein Job in
der Hotellerie.

*Wie haben Sie den Einstieg in die
Tourismusbranche gefunden? Welche Ausbildung (Studium) haben Sie absolviert?*

Zunächst eine klassische Ausbildung zum Hotel-
fachmann. Dazu berufsbegleitend eine Ausbildung zum Fachhochschulökonom. Einige Zeit
danach habe ich – wieder berufsbegleitend –
meinen MBA absolviert.

Würden Sie es noch einmal genauso machen?

Auf jeden Fall.

War es leicht, Fuß zu fassen in der Tourismusbranche?

Wenn man gerne arbeitet und Dienstleistung als „Dienst leisten" versteht, kann man sehr schnell Fuß fassen. Vom ersten Tag an kann man Gäste mit einem besonderen Service beeindrucken und sich wieder und wieder das Fachwissen aneignen.

Was machen Sie zurzeit genau – beschreiben Sie bitte Ihre berufliche Tätigkeit und Ihr Aufgabengebiet!

Ich arbeite als Regionaldirektor bei der Lindner Hotels AG und leite in Personalunion das erste Tierpark-Themenhotel der Welt – das Lindner Park-Hotel Hagenbeck. Meine Aufgaben als General Manager sind die Führung des Hotels, das Sicherstellen der Qualität, die betriebswirtschaftliche Steuerung und die Mitarbeiterführung. Als Regionaldirektor unterstütze ich „meine" Hotels und deren General Manager in allen operativen und strategischen Fragestellungen.

Wie sieht ein typischer Arbeitstag bei Ihnen aus – gibt es diesen überhaupt bei Ihnen?

Nein, den gibt es nur idealtypisch. Aber das ist ja gerade das Wunderbare an dem Beruf. Arbeit bedeutet heute eine Vielzahl unterschiedlicher und nicht-konformer Tätigkeiten. Traditionelle und gewohnte Strukturen lösen sich im Wandel der Arbeitswelt, insbesondere auch in der Touristik, auf.

Können Sie etwas zu Ihrem Arbeitspensum (in Wochenstunden) und zum Gehaltsgefüge innerhalb der Tourismusbranche sagen?

Die Nutzung der Zeit ist in unserer Branche nicht immer einfach. In meiner Position begleitet mich der Beruf ständig, womit die Abgrenzung auch zum privaten Leben immer schwerer wird. Die wöchentliche Arbeitszeit ist erheblich, doch verfügt man auch über das Privileg, kurzfristig mal „frei" machen zu können. Das Gehaltsgefüge ist für Berufsstarter und junge Fachkräfte ausbaufähig. Die Branche muss auch finanzielle Anreize schaffen, die die offenkundigen Nachteile der Berufe in der Hotellerie kompensieren.

Was sind die Voraussetzungen für Ihre Tätigkeit? Worauf kommt es fachlich, sozial und menschlich/persönlich dabei an?

Die größte Voraussetzung ist letztlich das Wissen, dass man nie fertig sein wird – daher ist es auch so wichtig, über entsprechende emotionale Kompetenz zu verfügen. Der stetige Wandel der bestehenden Berufsbilder und deren Inhalte zwingen uns Vorgesetzte immer wieder dazu, Aufgaben und Anforderungen weiter zu entwickeln. Das gelingt, wenn man fachlich solide ausgebildet und sozial kompatibel ist. Der Vorgesetzte heute muss die Potenziale seines Teams entdecken, Talente fördern und Orientierung geben.

Arbeiten in der Tourismusbranche – bedeutet dies automatisch viel unterwegs zu sein und viel zu reisen?

Nicht zwingend – aber es ist sicher karrierefördernd, wenn man einer Reisetätigkeit offen gegenüber eingestellt ist. Aber auch hier ziehe ich einen Vergleich zwischen dem Anforderungsprofil und dem gesellschaftlichen Wandel: Glaubt man der Trendforschung, ist die Arbeitswelt von morgen ein Netzwerk von Orten. Die Mobilität setzt sich durch – da kann es nicht schlecht sein, selber mobil zu sein.

Was sind grundsätzlich die Vor- und Nachteile in der Tourismusbranche zu arbeiten?

Die Vorteile habe ich ja schon dargestellt – auf den Punkt gebracht: Internationalität, Abwechslung, interkulturelle Begegnungen, Arbeitsplatzsicherheit. Die Nachteile sollten nicht verschwiegen werden: Hoher Arbeitseinsatz, zunächst schlechtere Verdienstmöglichkeiten und Arbeitszeiten sowie „Besserwisserei" der Kunden bzw. Gäste.

Haben sich Ihre beruflichen Erwartungen insgesamt bisher erfüllt?

Ja.

Können Sie jungen Leuten einen beruflichen Einstieg in die Tourismusbranche empfehlen?

Unbedingt. Die Branche braucht frische und gut ausgebildete Menschen. Gerade in der Touristik waren, sind und bleiben die Mitarbeiter im Mittelpunkt der Unternehmen. In unserer Branche lernt man sehr schnell Selbstverantwortung zu tragen und ich spreche gerne allen auch jungen Kolleginnen und Kollegen Eigeninitiative zu. In welcher anderen Branche ist dies vergleichbar der Fall?

Ausbildung oder Studium oder beides nacheinander? Was ist der bessere Weg heutzutage? Gibt es „den" Königsweg?

So individuell die Lebenswelten heute sind, so wenig zeichnen sich Arbeitswelten als einheitlich ab. DEN einzig richtigen Weg gibt es nicht, wie die vielen unterschiedlichen Biografien von Führungspersönlichkeiten in der Hotellerie zeigen. Tatsache ist, dass die (dual)-universitären Ausbildungen an Beliebtheit gewinnen und somit das für die klassische Hotelausbildung zur Verfügung stehende Humankapital qualitativ und quantitativ abnimmt. Diesen Trend müssen wir erkennen und Antworten finden. Bei allem Respekt für die betriebswirtschaftlichen Zusammenhänge und Zukunftsaussichten, die Arbeit zu gestalten: Der Küchenchef muss auch immer noch kochen können, um ein guter Küchenchef zu sein.

Für alle, die Tourismus studieren wollen – reicht der Bachelor-Abschluss heutzutage

14

aus Ihrer Sicht aus oder muss es zwingend der Master-Abschluss sein? Wie erfahren ist die Tourismusbranche mit den neuen Studienabschlüssen?

Unsere Branche lernt gerade, mit den Bachelor- oder Master-Absolventen umzugehen. Dieser Paradigmenwechsel in der Ausbildung ist noch nicht ganz angekommen – was ich auch als normal betrachte. Vielleicht werden die Berufs- anfänger in den nächsten zehn Jahren in Rollen hineinwachsen, die es heute gar nicht gibt. Denken Sie nur an den Bereich eCommerce, der sich gerade zwischen den traditionellen Sales und das Revenue Management positioniert. Eines aber wird immer bleiben: Menschen arbeiten im Tourismus für Menschen. Und es kommt in der Hotellerie auch auf Erfahrungen an, die man nicht studieren kann. Erfahrungen, die man machen muss, um aus ihnen zu lernen. Die Zukunft lehrt uns vermehrt in kreativen Erfolgsprinzipien zu denken – ob als Fachmann, Bachelor- oder Master-Absolvent.

Welche beruflichen Einstiegsmöglichkeiten bietet das Unternehmen, in dem Sie beschäftigt sind, jungen Menschen (z.B. Praktika, Projektarbeiten, Bachelor-/ Master-Thesis, Traineeprogramm, Direkt- einstieg)?

Gern begleiten wir Studierende bei ihren Arbeiten und bieten auch Praktika an. Die Lindner Hotels AG hat einen Draft für ein Trai- neeprogramm etabliert, welches unter anderem hier in Hamburg pilotiert wird.

Was schätzen Sie an Ihren jungen Bewerbern, was vermissen Sie bzw. wo sehen Sie grundlegend noch Verbesserungsbedarf im Ausbildungssystem?

Ich schätze die Begeisterung für unseren Beruf, die Mobilität und den Wunsch, einen Job jenseits vom Mittelmaß zu machen. Verbesserung in der universitären Ausbildung sehe ich in der Verzahnung von Theorie und Praxis. In der klassischen Ausbildung sollten die Lerninhalte dem gesellschaftlichen Wandel angepasst werden. Wir müssen das Lernen lernen.

Als Letztes - was würden Sie jungen Schulabgängern, die vor ihrer Berufswahl stehen, mit auf den Weg geben?

Zunächst gratuliere ich zum Schulabschluss. Und dann wünsche ich allen – unabhängig ihrer Berufswahl eine Kerneigenschaft: Neugierde. Damit meine ich die wache Aufmerksamkeit für Neues, für Unvorhergesehenes und für Individualität. Seid offen und neugierig in allem Tun – seid interessiert an den Menschen und begreift, dass Lernen nie aufhört. Persönlich gebe ich noch mit auf den Weg, Sport zu treiben und keinen Raubbau mit der Gesundheit zu tun: Der menschliche Körper ist für Dauerstress nicht gemacht.

HERZLICHEN DANK!!

Unternehmen: TUI Deutschland GmbH
Kategorie: Reiseveranstalter
Name: Paul Rudolphi
Position: Senior Manager Product
Development Long Haul
Internet: www.tui.com

Warum haben Sie sich beruflich ausgerechnet für die Tourismusbranche entschieden?

Über einen Job als Reiseleiter bin ich eher zufällig in der Touristik gelandet, insofern war es anfangs keine bewusste Entscheidung. Im Laufe der Jahre gab es aber gute Gründe, die Branche nicht zu wechseln: Urlaubsreisen haben für die meisten Menschen einen hohen emotionalen Wert. Wenn sie gut gemacht sind, können sie nachhaltige Erlebnisse und Erfahrungen vermitteln, und es kann sehr motivierend sein, daran mitzuwirken. Darüber hinaus gibt es viele inhaltlich spannende Aufgaben, die Touristik ist viel komplexer als externe Beobachter gemeinhin denken. Neue Technologien und ein verändertes Konsumverhalten haben den touristischen Markt in den letzten 10-15 Jahren stark gewandelt, der Wettbewerb ist enorm. Diese Herausforderungen mitzugestalten und unternehmerische Lösungen zu entwickeln, ist sehr reizvoll. Zudem werde ich durch die hohe Dynamik des Marktes ständig mit neuen Themen konfrontiert und kann mich auch persönlich weiterentwickeln.

Wie haben Sie den Einstieg in die Tourismusbranche gefunden? Welche Ausbildung (Studium) haben Sie absolviert?

Im Erststudium habe ich Geographie, Ethnologie und Völkerrecht studiert. Mein Ziel war eine Tätigkeit in der Entwicklungszusammenarbeit, was sich allerdings als wenig aussichtsreich entpuppte. Erste berufliche Erfahrungen habe ich als Reiseleiter in Chile und Argentinien gesammelt - die direkte Arbeit „am Kunden" kann ich angehenden Touristikern übrigens nur empfehlen. Nach einem Jahr Ergänzungsstudium Tourismusmanagement an der FU Berlin kam es zum Einstieg im TUI Konzern, zunächst bei dem Studien- und Erlebnisreiseveranstalter Gebeco. Dort hatte ich die Möglichkeit zum Thema „Erlebnisorientierung in der Touristik" zu forschen und zu promovieren.

Würden Sie es noch einmal genauso machen?

Ja. Ich habe meine beruflichen Entscheidungen bisher überwiegend an meinen Interessen orientieren können. Für mich persönlich ist das nach wie vor der richtige Weg, sonst könnte ich mich weniger stark mit meinem Job identifizieren. Außerdem habe ich die Erfahrung gemacht, dass man seinen Aktionsraum auch in einem bestehenden Funktionsprofil in hohem Maße mitgestalten kann. Ein starkes persönliches Envolvement für die jeweilige Aufgabe ist dafür entscheidend. Auf der anderen Seite denke ich, dass ein wenig Karriereplanung nicht schaden kann. Angesichts einer fortschreitenden Glo-balisierung und eines auch auf dem Arbeitsmarkt wachsenden Wettbewerbs unter Akademikern und Fachkräften würde ich dazu raten, die beruf-lichen Chancen, die eine bestimmte Ausbildung bietet, nicht zu vernachlässigen und USPs (Alleinstellungsmerkmale) zu entwickeln.

War es leicht, Fuß zu fassen in der Tourismusbranche?

Ich habe ca. zehn Bewerbungen geschrieben und hatte mehrere Optionen. Eine gewisse Flexi-bilität hinsichtlich Aufgabe und Arbeitsort musste ich allerdings schon mitbringen. Ehrgeizige Absolventen mit sehr guter Ausbildung, guten methodischen Fähigkeiten und Praxiskenntnissen werden meines Erachtens nach wie vor gesucht.

Was machen Sie zurzeit genau – beschreiben Sie bitte Ihre berufliche Tätigkeit und Ihr Aufgabengebiet!

Ich arbeite als Senior Manager Product Development im Bereich Fernreisen der TUI Deutschland GmbH. Meine Aufgabe besteht darin, auf der Grundlage unserer strategischen Ausrichtung neue Produkt- und Serviceideen zu entwickeln und zur Marktreife zu führen. Zurzeit arbeite ich z.B. an neuen Rundreise-Konzepten für aktive und erlebnisorientierte Zielgruppen. Das Internet, soziale Medien und mobile Ser-vices spielen dabei eine große Rolle, und zwar nicht nur als Vermarktungs- und Vertriebskanal, sondern auch während der Reise. WLAN ist auf diesen Rundreisen z.B. immer inkludiert.

Wie sieht ein typischer Arbeitstag bei Ihnen aus – gibt es diesen überhaupt bei Ihnen?

Einen standardisierten Arbeitstag gibt es tatsächlich nicht. Ich arbeite projektorientiert mit Kollegen aus unterschiedlichen Fachabteilungen (Produktmanagements, IT, Marktforschung, Vermarktung, Vertrieb etc.). Die gemeinsame Abstimmung in den Projektteams nimmt einen großen Teil der Arbeitszeit in Anspruch. Um sich ein Bild von meiner Arbeit zu machen, ist es vielleicht interessanter unseren Innovationsprozess zu verfolgen, der - grob gesagt – in den folgenden Etappen verläuft: Ideengenerierung, Ideenclusterung, Ideenbewertung und -auswahl, Produktkonzeption, Produkteinführung, Evaluation.

Können Sie etwas zu Ihrem Arbeitspensum (in Wochenstunden) und zum Gehaltsgefüge innerhalb der Tourismusbranche sagen?

Das Arbeitspensum kann stark schwanken; je nachdem in welcher Projektphase man sich gerade befindet und wie eng der Zeitplan ist. Mitunter können schon mal über 50h pro Woche zusammenkommen, im Durchschnitt sind es aber weniger. Eine pauschale Antwort zum Gehaltsgefüge kann man nicht treffen. Es ist kein Geheimnis, dass es Branchen gibt, in denen mehr verdient wird. Allerdings gibt es eine große Spannbreite, die von Unternehmensgröße, individueller Funktion, Qualifikation und Hierarchieebene abhängt. Außerdem profitiert man von vergünstigten Reiseangeboten für Touristiker.

Was sind die Voraussetzungen für Ihre Tätigkeit? Worauf kommt es fachlich, sozial und menschlich/persönlich dabei an?

Gedankliche Flexibilität, Neugierde und Gestaltungswille sind die wichtigsten Voraussetzungen für diesen Job. Man sollte Spaß daran haben, traditionelle, branchentypische Vorgehensweisen in Frage zu stellen und den Mut, Neues zu entwickeln und durchzusetzen. Innovationen sind aber mehr als neue Ideen, sie ziehen zum Teil unbequeme Veränderungen nach sich oder können Konflikte auslösen. Sensibilität für die Veränderungskultur der Organisation, Überzeugungskraft und eine gewisse Standhaftigkeit in der Durchsetzung und Argumentation von Projekten ist daher genauso gefragt wie gute Kommunikations- und Präsentationsfähigkeiten oder methodische Erfahrungen im Projekt- und Innovationsmanagement. Fachliche Erfahrungen in der Touristik und Kenntnisse des Touristikmarktes sind von Vorteil, aber nicht zwingend notwendig.

Arbeiten in der Tourismusbranche – bedeutet dies automatisch viel unterwegs zu sein und viel zu reisen?

Es kommt darauf an. Bei den großen Reiseveranstaltern wie TUI und auch bei anderen Touristikunternehmen gibt es viele Tätigkeiten, die ohne intensive Reisetätigkeit auskommen. Insbesondere im Bereich IT-Management, wo derzeit viele neue Aufgaben entstehen und natürlich in den Stabs- und Servicebereichen (Personal, Logistik, Call-Center, Kundenservice, …). Auf der anderen Seite sind z.B. im Produktmanagement oder auch im Verkauf/Vertrieb gute Zielgebietskenntnisse wichtige Kompetenzen, die über entsprechende Besuche, Partnergespräche etc. vor Ort gepflegt werden müssen. Als Produktentwickler bin ich unregelmäßig unterwegs und meist in Deutschland. Insgesamt sind bei der TUI aber viele Mitarbeiter mehrfach im Jahr auf Auslandsdienstreisen, was auch damit zusammenhängt, dass die TUI als internationaler Konzern einen intensiven Austausch zwischen den verschiedenen Quellmärkten und Organisationen innerhalb der Gruppe pflegt. Zu beobachten ist, dass Telefon- und Videokonferenzen oder Chats zunehmen und Dienstreisen teilweise überflüssig machen – das trägt auch zu einer besseren Klimabilanz und zu geringeren Kosten bei.

Was sind grundsätzlich die Vor- und Nachteile in der Tourismusbranche zu arbeiten?

Zur Tourismusbranche gehören so viele unterschiedliche Betätigungsfelder, dass man sie nur schwer über einen Kamm scheren kann. Aber vielleicht ist genau das einer der Vorteile: das Produkt „Reise" bietet ungemein viele Facetten und damit eben auch viele spannende Betätigungsfelder und Chancen. Da Mobilität zu den Grundbedürfnissen des Menschen gehört, haben wir es – trotz immer wieder auftauchender, meist extern verursachter Krisen – auch mit einem relativ stabilen Markt zu tun, der vielen Veränderungen unterliegt, aber eigentlich über eine hohe Grundnachfrage verfügt und z.B. über die Entwicklung in den Schwellenländern neue Impulse erfährt. Dritter Vorteil ist die geringe Akademisierung der Branche, denn sie eröffnet noch viele Möglichkeiten der Produktivitätssteigerung und Chancen für akademisch qualifizierte Berufseinsteiger. Ein Nachteil ist aus meiner Sicht, die geringe Wertschätzung und Unterstützung, die die Tourismusbranche als Wirtschaftsfaktor und Arbeitgeber auf gesellschaftlicher und politischer Ebene erfährt. Die berufliche Durchlässigkeit zu anderen Branchen ist meines Erachtens ebenfalls geringer als in anderen Sektoren. Eine Gefahr besteht zudem in der Anfälligkeit für die schon erwähnten externen Einflüsse. Politische Konflikte, Unfälle und insbesondere Umweltkatastrophen können einzelne Zielgebiete kurzfristig bedrohen, kleine und spezialisierte Unternehmen in ihrer Existenz gefährden und die Akzeptanz des Tourismus insgesamt mindern.

Haben sich Ihre beruflichen Erwartungen insgesamt bisher erfüllt?

Im Großen und Ganzen: Ja.

Können Sie jungen Leuten einen beruflichen Einstieg in die Tourismusbranche empfehlen?

Unbedingt. Der Tourismus bietet viele Gestaltungsmöglichkeiten in einem sehr beweglichen Umfeld. Aktuell besonders gefragt sind gute IT-Kenntnisse.

Ausbildung oder Studium oder beides nacheinander? Was ist der bessere Weg heutzutage? Gibt es „den" Königsweg?

Praxiskenntnisse und eine gute touristische Ausbildung sind bei vielen Reiseveranstaltern eine gute und wichtige Einstiegsqualifikation. Für eine weiterführende Karriere im Management der größeren Unternehmen ist ein Studium in der Regel Voraussetzung.

Für alle, die Tourismus studieren wollen – reicht der Bachelor-Abschluss heutzutage aus Ihrer Sicht aus oder muss es zwingend der Master-Abschluss sein? Wie erfahren ist die Tourismusbranche mit den neuen Studienabschlüssen?

Die Erfahrungen mit den neuen Abschlüssen bzw. mit den entsprechenden Absolventen sind sicher noch ausbaufähig. In der Branche gibt es ganz unterschiedliche Modelle, man sollte sich also vorab gut informieren. Nach einem Berufseinstieg als Bachelor kann man sich ja auch berufsbegleitend oder später zum Master qualifizieren. Es gibt aber auch Trainee-Programme und Einstiegspositionen, für die von vornherein der Master-Abschluss erwartet wird, vor allem, wenn strategische Aufgaben und Positionen besetzt werden. Generell ist aber immer das Gesamtpaket aus formaler Praxiserfahrung und Persönlichkeit entscheidend.

Welche beruflichen Einstiegsmöglichkeiten bietet das Unternehmen, in dem Sie beschäftigt sind, jungen Menschen (z.B. Praktika, Projektarbeiten, Bachelor-/ Master-Thesis, Traineeprogramm, Direkteinstieg)?

Die TUI bietet erfreulicherweise alle diese Optionen plus Ausbildungsangebote im kaufmännischen Bereich oder im IT-Management.

Was schätzen Sie an Ihren jungen Bewerbern, was vermissen Sie bzw. wo sehen Sie grundlegend noch Verbesserungsbedarf im Ausbildungssystem?

Den hohen Grad an Selbstständigkeit und die hohe Affinität zu den digitalen und mobilen Medien schätze ich sehr. Wünschen würde ich mir eine stärkere Neigung, Dinge zu hinterfragen, Kritik zu üben und sein eigenes Verhalten zu reflektieren. Das hängt meines Erachtens aber auch mit den kürzeren Studienzeiten und dem jüngeren Alter der Absolventen zusammen. Für Praxiserfahrungen sind die Semesterferien häufig zu kurz.

Als Letztes - was würden Sie jungen Schulabgängern, die vor ihrer Berufswahl stehen, mit auf den Weg geben?

Nehmen Sie sich ausreichend Zeit für die Entscheidung zur Studien- und Berufswahl. Seien Sie ehrlich zu sich selbst und fragen Sie sich, was Sie möchten und was Sie können! Und probieren Sie sich aus, machen Sie verschiedene Praktika und geben Sie sich nicht zu schnell zufrieden. Wenn man eine Tätigkeit oder ein Studium gefunden hat, dass Spaß macht und den eigenen Neigungen entspricht, ist das die Basis für berufliche Zufriedenheit und für beruflichen Erfolg.

HERZLICHEN DANK!!

Unternehmen: Hamburg Tourismus GmbH
Kategorie: Destination
Name: Sascha Albertsen
Position: Leiter Kommunikation &
Öffentlichkeitsarbeit
Internet: www.hamburg-tourismus.de

*Warum haben Sie sich beruflich ausge-
rechnet für die Tourismusbranche entschieden?*

Der Weg in die Tourismusbranche war am
Anfang so nicht geplant. Eigentlich bin ich
ausgebildeter Redakteur. Relativ schnell wurde
mir klar (gemacht), dass ich nicht das Potenzial
für den Henri Nannen Preis habe, sondern dass
es wohl eher für die lokale Berichterstattung
über den Goldene Hochzeit von Erna und Heinz
reicht. Über meine nebenberufliche Tätigkeit für
eine Messegesellschaft habe ich dann die andere
Seite der Kommunikation kennengelernt und bin
zudem stärker mit dem Tourismus in Berührung
gekommen. 2007 wurde dann der Studiengang
Internationales Tourismusmanagement an der
Fachhochschule Westküste ins Leben gerufen.
Bereits nach den ersten Vorlesungen im Schwerpunkt war mir klar: Destinationsmanagement
und Marketing, das passt.

*Wie haben Sie den Einstieg in die
Tourismusbranche gefunden? Welche Ausbildung (Studium) haben Sie absolviert?*

Über die hohe Praxisorientierung im Studium
Internationales Tourismusmanagement an der
Fachhochschule Westküste habe ich mir ein

klares Bild von der Branche machen können. Meine Studienschwerpunkte lagen im Bereich Marketing und Destinationsmanagement. Parallel zum Studium habe ich die Kommunikationsarbeit in der Messe Husum aufgebaut und mein Profil so auch auf dieses Weise weiterentwickeln können.

Würden Sie es noch einmal genauso machen?

Durch das Studium habe ich meine Leidenschaft und zugleich Profession entdeckt. Und ich habe die Frau meines Lebens kennengelernt – mittlerweile sind wir verheiratet und haben zwei Kinder. Die Entscheidung für das Tourismus-studium war also goldrichtig.

War es leicht, Fuß zu fassen in der Tourismusbranche?

Eindeutig „Jein". Auch wenn es erste Anzeichen für einen Mangel an Fachkräften im Tourismus gibt – da draußen hat niemand auf mich gewartet. Das ist auch eine wichtige Erkenntnis für alle Nachwuchskräfte: Man muss schon selbst aktiv werden und sich aus seiner Komfortzone heraus bewegen. Das Studium war für mich Mittel zum Zweck, quasi die Grundvor-aussetzung für einen guten Job im Tourismus. Ich habe mich frühzeitig damit auseinander-gesetzt, wo ich hin will und mich dann auch ganz gezielt und initiativ beworben – bei der Hamburg Tourismus GmbH. Glücklicherweise wurde mein Traumjob frei. Ich musste mich vorher aber gegen mehr als 300 Bewerber und in drei Bewerbungsgesprächen beweisen. Und dann habe ich schon während des Studiums meinen Job antreten – ein schmaler, im Rückblick aber erfolgreicher Weg.

Was machen Sie zurzeit genau – beschreiben Sie bitte Ihre berufliche Tätigkeit und Ihr Aufgabengebiet!

Seit September 2009 leite ich die Presse- und Öffentlichkeitsarbeit der Hamburg Tourismus GmbH. Ich bin verantwortlich für alle kommunikativen Belange des Unternehmens. Neben der Unternehmenskommunikation ist die internationale PR ein spannendes Aufgabenfeld, Hamburg ist eine enorm dynamische Destination und ist demnach bei Journalisten aus dem In- und Ausland sehr gefragt. Zudem bin ich als Pressesprecher in alle relevanten Unternehmensprozesse eingebunden und genieße als Berater der Geschäftsführung großes Vertrauen.

Wie sieht ein typischer Arbeitstag bei Ihnen aus – gibt es diesen überhaupt bei Ihnen?

Zentraler Aspekt meiner Aufgabe ist Abwechslung und Vielseitigkeit - auch, da ich aufgrund meiner Ausbildungen über ein breites Kompetenzprofil verfüge. Die eine Hälfte meines Tagesablaufs ist nicht planbar, da mich viele interne und externe Anfragen erreichen. Insbesondere die Kommunikation mit Medienvertretern kommt ad hoc und muss dann schnell und präzise geführt werden. Dann ist der Arbeitsalltag durch viele Termine geprägt: Intern mit der Geschäftsführung oder den Kollegen, da die Kommunikation immer die Schnittstelle zu den Projekten bildet. Extern mit Journalisten, Kooperationspartnern und anderen Anspruchsgruppen.

Können Sie etwas zu Ihrem Arbeitspensum (in Wochenstunden) und zum Gehaltsgefüge innerhalb der Tourismusbranche sagen?

Auch im Tourismus kann man Geld verdienen. Es muss aber allen bewusst sein, dass der Weg in die interessanten Gehaltsgruppen weit sein kann und nicht für alle erreichbar ist. Gerade im Destinationsmanagement ist man häufig an die öffentlichen Tarifverträge gebunden. Die Gehälter liegen daher in der Regel spürbar unter dem Niveau der freien Wirtschaft, dafür genießt man als Angestellter im öffentlichen Dienst andere Vorteile wie beispielsweise eine höhere Absicherung. Mein Wochenpensum liegt bei rund 60 Stunden, in intensiven Projektphasen werden es auch 70 Arbeitsstunden in der Woche. Wochenendarbeit und Termine am Abend gehören zur Regel.

Was sind die Voraussetzungen für Ihre Tätigkeit? Worauf kommt es fachlich, sozial und menschlich/persönlich dabei an?

Entscheidend sind nach meiner Einschätzung die persönlichen, charakterlichen Voraussetzungen. Ich habe die Erfahrung gemacht, dass ein hohes Maß an Begeisterungsfähigkeit für die Aufgabe gepaart mit Disziplin und einer ausgeprägten „hands on"-Mentalität zu Erfolg und Zufriedenheit führen.

Arbeiten in der Tourismusbranche – bedeutet dies automatisch viel unterwegs zu sein und viel zu reisen?

Nicht zwangsläufig. Je nach Segment und Karrierelevel ist es unterschiedlich. In meinem Job gehört es dazu; die letzten Dienstreisen führten mich u.a. nach Basel, Kopenhagen, aber auch Peking und Shanghai.

Was sind grundsätzlich die Vor- und Nachteile in der Tourismusbranche zu arbeiten?

Auch wenn die Branche immer digitaler wird, technische Prozessoptimierungen eine große Rolle spielen: Reisen schafft Begegnung, unser Produkt – in meinem Fall eine Destination – ist in höchstem Maß emotional aufgeladen. Diese Emotionen gilt es mehr denn je in das Marketing zu übertragen, das motiviert ungemein. Die zunehmende Internationalisierung der Reisedestination Deutschland stellt uns zudem vor spannende Herausforderungen. Gerade in den Städten, die eine hohe Anziehungskraft auf die ausländischen Gäste ausüben. Hier sind interkulturelle und sprachliche Kompetenzen gefordert, die auch das eigene, persönliche Wachstum fördern.

Haben sich Ihre beruflichen Erwartungen insgesamt bisher erfüllt?

Meine Erwartungen sind übertroffen. Auch wenn jetzt etwas viel Pathos ins Spiel kommt – aktuell kann ich sagen, dass ich in meinem Traumjob arbeite. Ich habe mir nach Ende des Studiums konkrete Karriereziele gesetzt, bisher habe ich die Ziele noch vor dem gesetzten Zeithorizont erreichen können. Heute, mit 33 Jahren, bin ich in der glücklichen Lage, interessante Jobangebote zu bekommen, ohne dass es eine Veranlassung dafür gibt, mich verändern zu wollen.

Können Sie jungen Leuten einen beruflichen Einstieg in die Tourismusbranche empfehlen?

Ja. Mit Blick in die Zukunft sollte man aber in seiner Profilbildung nicht ausschließlich auf eine Branche festgelegt sein.

Ausbildung oder Studium oder beides nacheinander? Was ist der bessere Weg heutzutage? Gibt es „den" Königsweg?

Es gibt keinen Königsweg, es kommt auf die berufliche Zielrichtung an. Grundsätzlich habe ich die Erfahrung gemacht, dass eine Ausbildung und dann ein nachgelagertes Studium eine sehr gute Grundlage für einen erfolgreichen Karriereweg ist.

Für alle, die Tourismus studieren wollen – reicht der Bachelor-Abschluss heutzutage aus Ihrer Sicht aus oder muss es zwingend der Master-Abschluss sein? Wie erfahren ist die Tourismusbranche mit den neuen Studienabschlüssen?

Mit einer entsprechenden Vorausbildung kann in Deutschland auch mit einem Bachelor-Abschluss viel erreicht werden, beispielsweise eine

Abteilungs- oder Bereichsleitung. Für höhere Managementaufgaben, insbesondere im Ausland, ist ein Master- oder vergleichbarer Abschluss von Vorteil.

Welche beruflichen Einstiegsmöglichkeiten bietet das Unternehmen, in dem Sie beschäftigt sind, jungen Menschen (z.B. Praktika, Projektarbeiten, Bachelor-/ Master-Thesis, Traineeprogramm, Direkteinstieg)?

Die Hamburg Tourismus GmbH ist als Destinationsmanagementagentur mit integriertem Reiseveranstalter sehr vielseitig aufgestellt. Derzeit beschäftigt die HHT rund 65 Mitarbeiter/innen. Demnach bieten sich Interessenten sehr unterschiedliche Stellenprofile und Karrierelevel an. Praktika und studentische Aushilfen werden in allen Unternehmensbereichen als Unterstützung eingestellt, Traineestellen sind eher rar. Aufgrund der Vielzahl an Anfragen begleiten wir Abschlussarbeiten vordergründig von Praktikanten des Unternehmens. Wir suchen permanent nach neuen Mitarbeitern, da sich die Organisation stets weiterentwickelt und neue Geschäftsfelder definiert, beispielsweise Gesundheitstourismus oder Barrierefreies Reisen. Grundvoraussetzung ist immer ein Studium.

Was schätzen Sie an Ihren jungen Bewerbern, was vermissen Sie bzw. wo sehen Sie grundlegend noch Verbesserungsbedarf im Ausbildungssystem?

Gut ausgebildete, junge Menschen bringen frischen Wind und neue Ideen. Sie stellen

Grundsätzliches in Frage, dass ist eine gute Reflexion für die eigene Arbeitsprozesse und die allgemeine Herangehensweise an Themen. In den letzten Jahren zeigt sich, dass die Mehrheit der Bewerber schlecht vorbereitet in ein Bewerbungsgespräch geht. Da habe ich viele erschreckende Erfahrungen gemacht. Dabei sollte es doch eine Selbstverständlichkeit sein, dass man sich mit seiner eigenen Zielstellung und dem Unternehmen auseinandersetzt.

Als Letztes - was würden Sie jungen Schulabgängern, die vor ihrer Berufswahl stehen, mit auf den Weg geben?

Sich schon sehr früh während der Schule intensiv mit seinen eigenen Stärken und Vorlieben auseinanderzusetzen. Daraus kann sich ein Berufswunsch ableiten. Der Schul- oder Hochschulabschluss ist nur Mittel zum Zweck, er soll vorbereiten auf das, was kommt. Demnach kommt dem Abschluss nach meiner Einschätzung eher eine untergeordnete Rolle zu.

HERZLICHEN DANK!!

Unternehmen: MSC Kreuzfahrten
Kategorie: Kreuzfahrten
Name: Michael Zengerle
Position: Geschäftsführer
Internet: www.msc-kreuzfahrten.de

Warum haben Sie sich beruflich ausgerechnet für die Tourismusbranche entschieden?

Ich reise gerne, weil das Reisen und die Begegnung mit fremden Kulturen immer wieder neue Horizonte eröffnet. Außerdem wusste ich schon recht früh, dass ich später einmal international arbeiten wollte. Während meines Studiums habe ich dann ein Auslandspraktikum bei einer Hostel-Kette auf Hawaii und in Kalifornien gemacht. So konnte ich zum ersten Mal in die Tourismusbranche hineinschnuppern.

Wie haben Sie den Einstieg in die Tourismusbranche gefunden? Welche Ausbildung (Studium) haben Sie absolviert?

Ich habe BWL studiert, weil ich mich möglichst breit aufstellen wollte. Gegen Ende meines Studiums habe ich zunächst in einer Unternehmensberatung gearbeitet. Von dort aus ging es direkt zur Lufthansa, wo ich ein Management Trainee-Programm in Vertrieb und Marketing absolviert habe – und seitdem hat mich der Tourismus nicht mehr los gelassen.

Würden Sie es noch einmal genauso machen?

Zurückblickend hätte ich vielleicht einzelne Entscheidungen anders getroffen. Aber im Großen und Ganzen kann ich sagen: Es ist gut so, wie es ist.

War es leicht, Fuß zu fassen in der Tourismusbranche?

Einer der großen Vorteile der Branche ist ihre Zugänglichkeit. Touristiker sind grundsätzlich aufgeschlossene Menschen, die sich oft auf internationalem Parkett bewegen. Aber wie in allen Branchen ist es auch im Tourismus sehr wichtig, sich frühzeitig ein tragfähiges Netzwerk aufzubauen und es kontinuierlich zu pflegen.

Was machen Sie zurzeit genau – beschreiben Sie bitte Ihre berufliche Tätigkeit und Ihr Aufgabengebiet!

Ich bin Geschäftsführer von MSC Kreuzfahrten, der deutschen Tochter der schweizerisch-italienischen Reederei MSC Cruises. Im Wesentlichen ist es meine Aufgabe, die Kreuzfahrten von MSC im deutschen Markt zu bewerben und sie über Vertriebspartner oder direkt an unsere Kunden zu verkaufen. Zusammen mit meinen Mitarbeitern arbeite ich täglich daran, interne Prozesse effektiv zu steuern, unseren Markenauftritt sowie unsere Marktposition auszubauen und unser Programm so zu gestalten, dass unsere Kunden immer wieder gerne eine Kreuzfahrt mit MSC buchen.

Wie sieht ein typischer Arbeitstag bei Ihnen aus – gibt es diesen überhaupt bei Ihnen?

Einen typischen Arbeitstag gibt es bei mir nicht – und genau das macht meine Arbeit so spannend. Als Manager sind viele Termine und Meetings mit Führungskräften und Mitarbeitern fester Bestandteil meiner Arbeitswoche. Dort treffen wir Entscheidungen über unsere Produkte, unsere Angebote, unser Kapazitätsmanagement und vieles mehr. Aber ich bin beruflich auch viel unterwegs, zum Beispiel in unserer Unternehmenszentrale in Genf, auf einem unserer MSC-Kreuzfahrtschiffe oder bei Branchenevents.

Können Sie etwas zu Ihrem Arbeitspensum (in Wochenstunden) und zum Gehaltsgefüge innerhalb der Tourismusbranche sagen?

Wer in der Tourismusbranche arbeiten möchte, darf keinen Nine-to-Five-Job oder 52 freie Wochenenden im Jahr erwarten. Das Gehaltsgefüge im Tourismus ist im Vergleich zu manch anderer Branche eher niedrig und hängt im Wesentlichen davon ab, in welchem Unternehmen und in welcher Position man tätig ist. Dafür genießen Touristiker bekanntlich einige besondere Vorteile, wenn es ums Reisen geht.

Was sind die Voraussetzungen für Ihre Tätigkeit? Worauf kommt es fachlich, sozial und menschlich/persönlich dabei an?

Als Geschäftsführer bin ich für das gesamte Unternehmen in Deutschland verantwortlich. Das heißt, ich muss über ein weitreichendes und funktionsübergreifendes Wissen verfügen, um alle Abteilungen – zum Beispiel Marketing, Personal, Accounting, Sales oder Pricing – steuern zu können. Hier kommt mir natürlich mein BWL-Studium zugute. Und es ist wichtig, dass ich mich auf meine Teamleiter verlassen kann. Zusätzlich sind in der Tourismusbranche internationale Erfahrungen und fließende Englischkenntnisse ein Muss. Auf der menschlichen Ebene lege ich besonderen Wert darauf, stressresistent zu sein und Druck nicht an meine Mitarbeiter weiterzugeben.

Arbeiten in der Tourismusbranche – bedeutet dies automatisch viel unterwegs zu sein und viel zu reisen?

Nicht unbedingt. Es gibt zahlreiche Bereiche und Positionen im Tourismus – denken Sie nur an Reservierungszentralen – die eher lokal angelegt und daher nicht mit viel Reiseaufwand verbunden sind. Als Geschäftsführer muss ich natürlich mobil sein. Schließlich gehört es zu meinen Aufgaben bei MSC, wichtige Vertriebspartner zu besuchen und regelmäßig an verschiedenen Geschäftsstandorten präsent zu sein, zum Beispiel in Genf in unserer Unternehmenszentrale oder in Salzburg in unserem neuen Contact Center. In meiner früheren Tätigkeit als Europaverantwortlicher bei Norwegian Cruise Line war ich sogar noch wesentlich mehr unterwegs.

Was sind grundsätzlich die Vor- und Nachteile in der Tourismusbranche zu arbeiten?

Als Touristiker können Sie die Welt entdecken. Sie agieren international und knüpfen Kontakte auf der ganzen Welt, die Sie oft Ihr Leben lang begleiten. Dies macht die Arbeit sehr abwechslungsreich und im interkulturellen Aspekt manchmal auch herausfordernd. Darüber hinaus repräsentieren Sie eines der schönsten Produkte, das man sich vorstellen kann: Urlaubsträume. Einen der größten Nachteile des Tourismus sehe ich in der Gehaltsstruktur. Es ist kein Geheimnis, dass man in anderen Branchen erheblich mehr verdienen kann.

Haben sich Ihre beruflichen Erwartungen insgesamt bisher erfüllt?

Ja, meine Erwartungen haben sich in der Tat erfüllt. Bei MSC Kreuzfahrten in München habe ich ein spannendes, verantwortungsvolles und abwechslungsreiches Aufgabenfeld. Damit fühle ich mich sehr wohl.

Können Sie jungen Leuten einen beruflichen Einstieg in die Tourismusbranche empfehlen?

Prinzipiell ist das eine sehr individuelle Entscheidung. Wichtig ist beim Berufseinstieg immer, dass man sich mit seinem Arbeitgeber identifizieren kann, dass einem das Produkt oder die Dienstleistung gefällt und dass man bei seiner Arbeit auch Spaß hat. Die Tourismusbranche bietet Positionen in vielen unterschiedlichen Bereichen und ist somit sehr flexibel. Ein weiterer Vorteil ist: Man muss nicht unbedingt Tourismus studiert haben, um in der Branche

Fuß zu fassen. Auch motivierte Quereinsteiger haben oft eine gute Chance, unterzukommen.

Ausbildung oder Studium oder beides nacheinander? Was ist der bessere Weg heutzutage? Gibt es „den" Königsweg?

Im Tourismus gibt es keinen klassischen Königsweg. Mein Tipp lautet: Wichtig ist, dass man sich nicht zu früh in seiner Ausbildung spezialisiert. Es ist ratsam, den Schwerpunkt zunächst auf allgemeine Themen zu legen und weniger auf spezielle Tourismusbereiche. Das erhöht die Flexibilität bei der späteren Berufswahl. Optimal ist ein duales Studium, weil es Praxis und Theorie von Anfang an miteinander verbindet.

Für alle, die Tourismus studieren wollen – reicht der Bachelor-Abschluss heutzutage aus Ihrer Sicht aus oder muss es zwingend der Master-Abschluss sein? Wie erfahren ist die Tourismusbranche mit den neuen Studienabschlüssen?

Als Dozent an verschiedenen Hochschulen in Deutschland beobachte ich die Qualität der Studierenden sehr genau. Leider habe ich den Eindruck, dass das Niveau seit der Einführung des Bachelor-Abschlusses gesunken ist und auch das Engagement einiger Studierenden nachgelassen hat. Gleichzeitig stelle ich große qualitative Unterschiede zwischen den einzelnen Hochschulen fest. Es ist heute extrem schwierig für uns als Unternehmen, Hochschulabschlüsse – egal ob Bachelor oder Master – zu bewerten. Hier sehe ich noch großen Handlungsbedarf in Deutschland, um die Vergleichbarkeit zwischen den verschiedenen Hochschulen und Abschlüssen zu gewährleisten.

Welche beruflichen Einstiegsmöglichkeiten bietet das Unternehmen, in dem Sie beschäftigt sind, jungen Menschen (z.B. Praktika, Projektarbeiten, Bachelor-/Master-Thesis, Traineeprogramm, Direkteinstieg)?

Für Studierende, die in ihrem Praxissemester erste Berufserfahrung sammeln möchten, bieten wir Praktikumsmöglichkeiten in unseren verschiedenen Unternehmensbereichen an. Dazu gehören Marketing, E-Commerce, Sales und Business Planning & Pricing. Diese Praktika dauern mindestens fünf Monate, da wir die Erfahrung gemacht haben, dass dieser Zeitraum sowohl für die Studierenden als auch für uns optimale Einsatzmöglichkeiten erlaubt. Projektarbeiten und Bachelor-/Master-Thesen können wir aufgrund unserer Unternehmensgröße und der vorhandenen Kapazitäten leider nicht realisieren. Besonders freut es mich, dass wir 2015 wieder ein Traineeprogramm von 12 Monaten für Absolventen anbieten können, das dem Trainee in verschiedenen Etappen alle wichtigen Unternehmensbereiche näher bringt. Unser Ziel ist es hier, junge talentierte Mitarbeiter im eigenen Unternehmen zu entwickeln. Ein Direkteinstieg ist bei MSC natürlich auch jederzeit möglich. Wir sind weiter auf Wachstumskurs und immer offen für vielversprechende Bewerber. Punkten können bei uns besonders diejenigen Nachwuchstalente, die bereits umfassende praktische Erfahrungen mitbringen.

Was schätzen Sie an Ihren jungen Bewerbern, was vermissen Sie bzw. wo sehen Sie grundlegend noch Verbesserungsbedarf im Ausbildungssystem?

An jungen Bewerbern schätze ich vor allem ihre Flexibilität. Junge Menschen sind in den meisten Fällen sehr offen und lernwillig und dadurch können wir sie bei Bedarf spontan in den verschiedensten Bereichen einsetzen. Verbesserungsbedarf sehe ich vor allem in der Praxiserfahrung, die junge Menschen heutzutage mitbringen. Hier sollten die Hochschulen noch mehr auf Praxis setzen. Die jungen Menschen selbst stehen auch in der Pflicht, sich eigeninitiativ um Praxiserfahrung zu kümmern – sei es durch einen Nebenjob oder durch freiwillige Praktika.

Als Letztes – was würden Sie jungen Schulabgängern, die vor ihrer Berufswahl stehen, mit auf den Weg geben?

Schulabgänger sollten auf jeden Fall ihren Neigungen folgen und sich die Freiheit zugestehen, möglichst viel auszuprobieren, bevor sie sich für einen Beruf entscheiden. Im Zweifel kann eine unabhängige Beratung äußerst nützlich sein. Ein neutraler Blick und ein objektiver Ratschlag – ohne Einfluss der Eltern und der direkten Umgebung – kann ganz neue Perspektiven eröffnen, die man vorher vielleicht nie in Betracht gezogen hätte.

HERZLICHEN DANK!!

Unternehmen: DB Fernverkehr AG
Kategorie: Bahn
Name: Jan-Wolf Baake
Position: Leiter Preis- und Rabattstrategie
Internet: www.deutschebahn.com

Warum haben Sie sich beruflich ausgerechnet für die Tourismusbranche entschieden?

Neben der persönlichen Orientierung in der Familie (Mutter hatte ein Reisebüro) ist die Tourismusbranche ein Tätigkeitsfeld, hinter dem ein spannendes, internationales und vor allem „charmantes" Produkt steht. Ich könnte nicht in Branchen arbeiten, deren Produkte aus Konsumentensicht „kritisch" sein könnten.

Wie haben Sie den Einstieg in die Tourismusbranche gefunden? Welche Ausbildung (Studium) haben Sie absolviert?

Nach der Mitarbeit im elterlichen Reisebüro habe ich nach dem Abitur das Studium der BWL mit dem Schwerpunkt Tourismusmanagement in Lüneburg aufgenommen. Hier wurde mein Interesse an der Tourismusbranche dann vollständig geweckt, Prof. Dr. Kreilkamp ist so etwas wie die personalisierte Tourismusbranche. Die Vorlesungen waren gespickt von interkulturellen und interdisziplinarischen Beispielen und es hat sich die volle Vielfältigkeit des Tourismus gezeigt – u.a. die Psychologie, die BWL, die VWL etc. Mein Weg ging dann zunächst über die Wissenschaft (Wissenschaftlicher Mitarbeiter an

43

der Uni Lüneburg) und über eine selbstständige Phase hin zur Deutschen Bahn (obwohl ich nie in einem Großkonzern arbeiten wollte), deren Produkt (DB Fernverkehr) und deren Personalentwicklung ich schätzen gelernt habe.

Würden Sie es noch einmal genauso machen?

Grundsätzlich halte ich eine Lehre vor dem Studium durchaus für sinnvoll. Durch die neuen Studienmöglichkeiten (Bachelor & Master) ist aber auch ein Praxisbezug zwischen der universitären Ausbildung möglich. Die Praxis sollte in keinem Fall zu kurz kommen.

War es leicht, Fuß zu fassen in der Tourismusbranche?

Das ist wie in allen Branchen abhängig von der gesamtwirtschaftlichen Lage. Grundsätzlich gibt es vielfältige Einstiegsmöglichkeiten. Ich denke daher sollte ein Einstieg immer möglich sein. Im Hinblick auf die universitäre Ausbildung würde ich aber weniger spezialisierte Studiengänge empfehlen, die eine allgemeine Ausrichtung haben. Je spezialisierter das Studienkonzept ist, desto mehr „Ballast" lernt man, den man bei einer späteren Tätigkeit ggf. nicht mehr braucht.

Was machen Sie zurzeit genau – beschreiben Sie bitte Ihre berufliche Tätigkeit und Ihr Aufgabengebiet!

Ich bin Leiter Preis- und Rabattstrategie bei der DB Fernverkehr AG und bin mit meinem Team für die Preisstrategie und Preisaktionen im Fernverkehr der Deutschen Bahn verantwortlich. Der Job ist sehr abwechslungsreich und von der Konzeption bis zur Implementierung fallen alle Aufgaben in den Tätigkeitsbereich von meinem Team.

Wie sieht ein typischer Arbeitstag bei Ihnen aus – gibt es diesen überhaupt bei Ihnen?

In Konzernen wird ein Großteil der Arbeitszeit für Abstimmungen mit internen und externen Partnern verwendet (inklusive Aufbereitung von Ideen zur Entscheidung durch Vorgesetzte), damit die eigenen Ideen und Konzepte auch umgesetzt werden können. Weiterhin ist es als Führungskraft wichtig, für die Kollegen „greifbar" zu sein. Es muss aber auch an jedem Tag ein wenig „Luft" sein, um kreativ denken zu können und innovative Ideen zu entwickeln. Soweit es geht, versuchen wir dieses über verschiedene Formen zu institutionalisieren.

Können Sie etwas zu Ihrem Arbeitspensum (in Wochenstunden) und zum Gehaltsgefüge innerhalb der Tourismusbranche sagen?

Die Deutsche Bahn ist als Konzern der Transport- und Logistikbranche nur bedingt dem „klassischen" Tourismus zuzuordnen. Aus meiner Sicht wird bei der Deutschen Bahn ein Gehaltsniveau realisiert, das über dem Durchschnitt der Tourismusbranche liegt (die ja leider im Gehaltsvergleich immer einen der hinteren Plätze belegt). Gehalt und Arbeitszeit sind aber immer Komponenten, die stark von der beruflichen Entwicklung und der Persönlichkeit abhängen. Generell ist die Arbeitszeit in den letzten Jahren über alle Unternehmen in Summe sicher angestiegen – allein bedingt durch die neuen Kommunikationsmittel und die damit verbundene ständige Erreichbarkeit. Aber so lange es Spaß macht und man mit der Entlohnung zufrieden ist, stimmen die Rahmenbedingungen.

Was sind die Voraussetzungen für Ihre Tätigkeit? Worauf kommt es fachlich, sozial und menschlich/persönlich dabei an?

Soziale Kompetenz, eine gute Grundbildung, praktische Fertigkeiten, analytisches Verständnis und Kundenorientierung.

Arbeiten in der Tourismusbranche – bedeutet dies automatisch viel unterwegs zu sein und viel zu reisen?

Bei mir nicht – ich arbeite aber auch für die „Deutsche Bahn" im nationalen Fernverkehr – daher ist meine Branche vielleicht nur bedingt dem „klassischen" Tourismus zuzuordnen. Dennoch sind alle Kollegen auch hier sehr „reiseaffin".

Was sind grundsätzlich die Vor- und Nachteile in der Tourismusbranche zu arbeiten?

Es handelt sich um ein tolles Produkt, hinter dem man voll und ganz stehen kann (Urlaub ist

46

ein Grundbedürfnis in einer soliden Marktwirtschaft) - das Gehaltsniveau ist aber dafür ein wenig niedriger als in anderen Branchen.

Haben sich Ihre beruflichen Erwartungen insgesamt bisher erfüllt?

Ja – mehr als das – die Entwicklung in einem Konzern bietet viele Möglichkeiten.

Können Sie jungen Leuten einen beruflichen Einstieg in die Tourismusbranche empfehlen?

Ja.

Ausbildung oder Studium oder beides nacheinander? Was ist der bessere Weg heutzutage? Gibt es „den" Königsweg?

Praxis sollte dabei sein – aber einen Königsweg gibt es nicht. Man muss Spaß daran haben, was man tut – es gilt immer: „love it, change it or leave it".

Für alle, die Tourismus studieren wollen – reicht der Bachelor-Abschluss heutzutage aus Ihrer Sicht aus oder muss es zwingend der Master-Abschluss sein? Wie erfahren ist die Tourismusbranche mit den neuen Studienabschlüssen?

Der Bachelor reicht für den Berufseinstieg grundsätzlich aus meiner Sicht aus – die Frage ist aber auch, ob es einem persönlich reicht. Man kann aber heute sicher auch innerhalb der beruflichen Entwicklung weitere „Ausbildungen" sicherstellen und hier gibt es in den Unternehmen ja auch vielfältige Möglichkeiten. Mit dem Berufseinstieg hört die Weiterentwicklung nicht auf.

Welche beruflichen Einstiegsmöglichkeiten bietet das Unternehmen, in dem Sie beschäftigt sind, jungen Menschen (z.B. Praktika, Projektarbeiten, Bachelor-/ Master-Thesis, Traineeprogramm, Direkteinstieg)?

Alles - von Praktika über Projekt- und Abschlussarbeiten bis hin zu aus meiner Sicht sehr guten und interdisziplinären Traineeprogrammen - einfach alles.

Was schätzen Sie an Ihren jungen Bewerbern, was vermissen Sie bzw. wo sehen Sie grundlegend noch Verbesserungsbedarf im Ausbildungssystem?

Für mich persönlich gilt: Etwas mehr Eigeninitiative, Offenheit und Persönlichkeit und weniger der glatte und gefeilte Lebenslauf. Dies sind für mich ausschlaggebende Faktoren für gute Mitarbeiter.

Als Letztes - was würden Sie jungen Schulabgängern, die vor ihrer Berufswahl stehen, mit auf den Weg geben?

Man sollte sich für einen „Ausbildungsweg" entscheiden, der einem sinnvoll erscheint. Ein Wechsel innerhalb des Weges ist sehr gut möglich und erweitert in den meisten Fällen den Horizont. Wichtig ist nur, auch zu seinen Entscheidungen zu stehen und das Menschliche und Kollegiale nicht außer Acht zu lassen. Aus meiner Sicht kommt der sozialen Kompetenz eine sehr entscheidende Rolle zu.

HERZLICHEN DANK!!

Kategorie: Medien/Reisejournalismus
Unternehmen: Eine Berliner Tageszeitung
Name: Kerstin Butenhoff, M.A.
Position: ehemalige Redakteurin im Reise-
Ressort einer Berliner Tageszeitung

Warum haben Sie sich beruflich ausgerechnet für die Tourismusbranche entschieden?

Ich bin eher zufällig im Reise-Ressort einer Berliner Tageszeitung gelandet, ich habe mich schon immer für den Journalismus interessiert, bin nach einem Praktikum und freier Mitarbeit im Service-Ressort der Zeitung in der Reiseredaktion gelandet, als sie dort eine Krankheitsvertretung brauchten.

Wie haben Sie den Einstieg in die Tourismusbranche gefunden? Welche Ausbildung (Studium) haben Sie absolviert?

Studium M.A. mit den Fächern Nordamerikanistik (Hauptfach), Publizistik und Neuere Geschichte (Nebenfächer), Einstieg in den Journalismus schon in den ersten Semesterferien durch ein Praktikum mit anschließender Weiterbeschäftigung als freie Mitarbeiterin/Journalistin.

Würden Sie es noch einmal genauso machen?

Vermutlich nicht. Studium und Arbeit zu organisieren und zu kombinieren, war sehr anstrengend. Auch deshalb habe ich sehr lange
studiert. Arbeiten und die Miete zahlen zu
können, ging immer vor. Staatliche Unterstützung, selbst BAföG, habe ich nie bekommen.

**Was es leicht, Fuß zu fassen in der
Tourismusbranche?**

In diesem Falle ja.

**Was machen Sie zurzeit genau –
beschreiben Sie bitte Ihre berufliche
Tätigkeit und Ihr Aufgabengebiet!**

Ich arbeite derzeit nicht mehr im Ressort Reise,
nicht mal mehr im Tageszeitungs-Journalismus.

**Wie sieht ein typischer Arbeitstag bei Ihnen
aus – gibt es diesen überhaupt bei Ihnen?**

Der Tag sah so aus, dass ich um halb neun im
Büro war und erfahren habe, wie viele Seiten wir
aufgrund der Anzeigenlage zu füllen hatten.
Meist waren einige Texte schon vorbereitet.
Andere mussten nun schnell geschrieben und
Fotos ausgewählt werden, da die „nicht tages-
aktuellen" Reiseseiten als erstes (gegen ca. 13
Uhr) abgegeben werden mussten. Sie wurden
dann von Chefredaktion und Korrektoren gelesen, eventuelle Nachfragen mussten beantwortet
und Änderungswünsche eingetragen werden.
Dann ging es zum Layout der Seiten. Hier wurde
über Verteilung und optische Aufbereitung der

Themen gesprochen. Auch dies immer mit Rücksicht auf eventuelle Wünsche spezieller Anzeigenkunden. Bis ca. 17.30 Uhr wurde dann auf den Seiten noch Korrektur gelesen und weitere Reiseseiten, z.B. für die Wochenendausgaben, vorbereitet. Zwischendurch mussten Gewinne für Gewinnspiele organisiert und mit den Sponsoren genau abgesprochen werden. Meist gab es kürzere Hotelaufenthalte oder einwöchige Fernreisen zu gewinnen. Dafür wollten die Sponsoren aber genannt und z.B. mit dem Logo, Hotelfotos o.ä. abgebildet werden. Oder es sollten bestimmte Ausflugsziele explizit erwähnt werden, die sonst sicher nicht bekannt geworden wären – zu Recht. Unabhängiger Journalismus sieht anders aus. Pressereisen waren auch selten, meist nur einige Tage lang, dann aber mit Programm für 18 Stunden gefüllt – und ein positiver Reisebericht wurde erwartet. Hotels kritisch zu bewerten oder Ausflugsziele nicht über den grünen Klee zu loben, war natürlich unerwünscht. Die Konsequenz wäre gewesen, dass die Redaktion zukünftig eben keine Reisen oder keine Gewinne mehr bekommen hätte. Das wäre als geschäftsschädigend verstanden und die Mitarbeit beendet worden.

Können Sie etwas zu Ihrem Arbeitspensum (in Wochenstunden) und zum Gehaltsgefüge innerhalb der Tourismusbranche sagen?

Ich habe drei bis vier Tage gearbeitet, die anderen drei bis vier Tage studiert oder Hausaufgaben geschrieben. Urlaub gab es kaum. Dafür waren die Stellen zur Mitarbeit in der Reiseredaktion zu begehrt. Man wusste ja nie, wer nach zwei Wochen auf dem eigenen Platz saß. Die Arbeit begann zwischen 8.30 und 9 Uhr, je nach Seitenumfang und Aufgaben konnte man zwischen 17.30 und 18 Uhr gehen. Die Bezahlung lag bei 100 - 150 Euro pro Tag. Es gibt aber auch kleine Reisemagazine, die nur ca. 30 Euro pro Seite zahlen. Da ist dann keine journalistische Recherche, sondern das Umformulieren von Pressemitteilungen gefordert und gewünscht.

Was sind die Voraussetzungen für Ihre Tätigkeit? Worauf kommt es fachlich, sozial und menschlich/persönlich dabei an?

Flexibilität ist sicher am wichtigsten: Heute schreibt man über Finnland, als ob man dort ein halbes Jahr gelebt hat, morgen schreibt man den Lesern Mallorca schön. Verhandlungsgeschick mit Sponsoren ist ebenso wichtig, wie ein Auge für tolle Fotomotive und ein Händchen für schnelle und trotzdem interessante Texte. Sprachliche Sicherheit und Spaß an Wortspielereien sind ebenso wichtig.

Arbeiten in der Tourismusbranche – bedeutet dies automatisch viel unterwegs zu sein und viel zu reisen?

Nein. Ich war sicher im Abstand von sechs Wochen unterwegs, ab und an auch öfter. Meist aber nur zwei bis drei Tage. Und eher in Dänemark als in der Dominikanischen Republik. Dann aber war das Programm so umfangreich, dass ich mir angewöhnt hatte, jedes Mal Zähne zu putzen, wenn ich im Hotelzimmer war, weil ich nie wusste, wann ich dazu das nächste Mal kommen würde.

Was sind grundsätzlich die Vor- und Nachteile in der Tourismusbranche zu arbeiten?

Vorteile: Man sieht sicher einiges von der Welt. Aber, und das sind für mich schon die Nachteile, man kann längst nicht immer unvoreingenommen und ehrlich darüber sprechen. Man ist bei Auswahl und Planung der Reisen auch nicht selbstbestimmt, sondern reist, wenn sich das Angebot ergibt und erfährt manches Mal auch erst sehr kurzfristig, ob eine Reise stattfindet und möglich ist. Außerdem macht man viel Werbung für mittelmäßige Reiseziele, weil Veranstalter, sprich Anzeigenkunden, das wünschen.

Haben sich Ihre beruflichen Erwartungen insgesamt bisher erfüllt?

Ja. Inzwischen bin ich nicht mehr in der Reisebranche tätig sondern habe eine Festanstellung in einem Berliner Software-Unternehmen. Hier bin ich zuständig für alles rund um Redaktion, Social Media, Marketing und PR – ein Job, der mir viel Spaß macht.

Können Sie jungen Leuten einen beruflichen Einstieg in die Tourismusbranche empfehlen?

Nur, wenn sie zu sich selbst ehrlich sind. Es ist kein Nine-To-Five-Job. Anstrengungen, Ausdauer – und ehrlich gesagt oft auch Anpassung und Unterordnung an vorgegebene Erwartungen – sind an der Tagesordnung. Ein Reiseziel wird vorgestellt, weil es entweder eine Pressereise oder eine Verlosung gab. Da wird sicher nicht ehrlich geschrieben, dass das Hotel Mist, der Strand verdreckt oder das Essen ungenießbar waren.

Ausbildung oder Studium oder beides nacheinander? Was ist der bessere Weg heutzutage? Gibt es „den" Königsweg?

Den Königsweg gibt es sicher nicht. Ich denke, entweder sollte man eine Ausbildung und anschließend ein Studium absolvieren oder zumindest monatelange Praktika machen: Studiengänge sind heute so verschult, zentralisiert und verkürzt, dass kaum noch Zeit für die Praxis bleibt; Ausbildungen sind oft so kleinteilig und auf einen Teilbereich der Branche ausgelegt, dass der Blick für das Ganze fehlt.

Für alle, die Tourismus studieren wollen – reicht der Bachelor-Abschluss heutzutage aus Ihrer Sicht aus oder muss es zwingend der Master-Abschluss sein? Wie erfahren ist die Tourismusbranche mit den neuen Studienabschlüssen?

Dazu fehlt mir die Erfahrung. Wenn Praxiserfahrungen gesammelt werden, ist ein B.A. sicher ausreichend. Die neuen Abschlüsse sind andererseits zum Teil noch recht unbekannt.

Welche beruflichen Einstiegsmöglichkeiten bietet das Unternehmen, in dem Sie beschäftigt sind, jungen Menschen (z.B. Praktika, Projektarbeiten, Bachelor-/

Master-Thesis, Traineeprogramm, Direkteinstieg)?

Wir bieten derzeit keine Ausbildungen an, nehmen aber gern Praktikanten und Werkstudenten in unser Team auf. Weiterbildungen werden explizit unterstützt, auch finanziell. Bei der Berliner Tageszeitung, bei der ich gearbeitet habe, gab es Praktika, Volontariate und die Möglichkeit zur freien Mitarbeit. So war – bei guten Zeugnissen – auch ein Direkteinstieg möglich. Das war in 90 Prozent der Fälle aber trotzdem nur eine freie Mitarbeit, die bei knapper Auftragslage oder Sparvorgaben der Geschäftsleitung auch von heute auf morgen beendet sein konnte.

Was schätzen Sie an Ihren jungen Bewerbern, was vermissen Sie bzw. wo sehen Sie grundlegend noch Verbesserungsbedarf im Ausbildungssystem?

Die Bewerber kommen mir recht jung vor. Das Studium ist sehr konzentriert und sehr kontrolliert. Es gibt durch die sehr starr vorgeschriebenen Studienzeiten immer weniger Möglichkeiten, mal zu „trödeln" und sich das Leben anzusehen. Umgekehrt wird den Bewerbern ja auch immer wieder vermittelt, dass sie am liebsten mit 20 das Studium beendet und noch fünf Jahre Berufserfahrung gesammelt haben sollen. Mich schockieren die oft sehr schlechten Rechtschreibkenntnisse. Ich habe den Eindruck, dass es immer häufiger entweder um eine schnelle, coole Karriere oder um Sicherheit und Absicherung geht. Wo bleibt der Spaß an der Arbeit? Der Elan? Die Neugier? Der Ehrgeiz? Nur schnell mit dem Rücken an die Wand zu kommen und den Hauskredit abzuzahlen, kann doch kein Lebensziel sein.

Als Letztes - was würden Sie jungen Schulabgängern, die vor ihrer Berufswahl stehen, mit auf den Weg geben?

Aufgeschlossenheit. Erwarten Sie nicht, dass Ihnen alles in den Schoß fällt. Bleiben Sie neugierig! Seien Sie ehrgeizig! Zeigen Sie Eigeninitiative!

HERZLICHEN DANK!!

Kategorie: Unternehmensberatung
Unternehmen: inspektour GmbH -
Das Tourismus- und Freizeitinstitut
Name: Ralf Trimborn
Position: Geschäftsführender Gesellschafter
Internet: www.inspektour.de

Warum haben Sie sich beruflich ausgerechnet für die Tourismusbranche entschieden?

Aus ganz, ganz tiefer intrinsischer Motivation. Mein Trauzeuge sagt immer zu mir, ich hätte einen frühkindlichen Schaden, da ich leidenschaftlicher und kompromissloser Bayern-Fan bin. Die Sache mit dem Tourismus ist vergleichbar.

Wie haben Sie den Einstieg in die Tourismusbranche gefunden? Welche Ausbildung (Studium) haben Sie absolviert?

Als Münsterländer stamme ich nicht gerade aus einer touristischen Hochburg. Da ich aber meinen Zivildienst im städtischen Altenheim auf der westlichsten der ostfriesischen Inseln (Borkum) absolviert habe, kam ich dort im Alltag eng in Kontakt mit dem Tourismus. Das erste Mal weg von zu Hause, eröffnet einem deutlich neue An- und Einsichten. Die Flamme der Leidenschaft für die Tourismusbranche wurde entzündet. Die nächsten Schritte waren relativ klassisch: Diplom-FH-Studium der BWL mit den Schwerpunkten Marketing und Tourismus, begleitend diverse Praktika und Jobs (Hotel,

Reiseveranstalter, Destination usw.), dann eine Zeit als Reiseleiter für alltours auf den Kanaren, anschließend Projektleiter bei einem kleinen Tourismusinstitut und dann kam die eigene Unternehmung. Zu Beginn meiner beruflichen Tätigkeit habe ich begleitend zwei Jahre ein Uni-Aufbaustudium zum Diplom-Kulturmanager absolviert. An unterschiedlichen Hochschulen und Bildungseinrichtungen war und bin ich seit dem ersten Studienabschluss als Dozent tätig.

Würden Sie es noch einmal genauso machen?

Nahezu! BWL als Grundlage ist super! Ebenso sind Marketing, Tourismus und Kultur als Schwerpunkte super! Und: Früh diverse breite Erfahrungen im operativen Tourismussektor zu sammeln, ist super! Und dann noch zwei weiche Aspekte, die ich auch noch mal so machen würde: In WGs wohnen, eine Menge Spaß haben und intensiv leben sowie viel reisen (auch national), denn: „Travelling is the University of Life" [leider keine Ahnung von wem der Spruch ist]. Mit den Fremdsprachen habe ich geschludert – dies würde ich definitiv anders machen!

War es leicht, Fuß zu fassen in der Tourismusbranche?

Einen Job zu finden und zu arbeiten: Ja! Akzeptiert und integriert zu sein: Das hat gedauert, bestimmt sieben bis acht Jahre und dauert noch an!

Was machen Sie zurzeit genau – beschreiben Sie bitte Ihre berufliche Tätigkeit und Ihr Aufgabengebiet!

inspektour ist ein freizeittouristisches Beratungs- und Entwicklungsbüro. Wir unterstützen insbesondere deutsche Destinationen und Freizeiteinrichtungen in ihrer Entwicklung. Das Aufgabenportfolio reicht von der Durchführung von landesweiten Gästebefragungen, Abhalten von Seminaren und Vorträgen, über die Begleitung von Entwicklungsprozessen in Destinationen bis hin zur Einführung von Qualitätsmanagementsystemen; d.h. für mich insbesondere „netzwerken", Akquise sowie Projekt- und Personalsteuerung. Ach, und natürlich immer am Puls der Zeit bleiben.

Wie sieht ein typischer Arbeitstag bei Ihnen aus – gibt es diesen überhaupt bei Ihnen?

So recht kann ich damit nicht dienen. Vielleicht soviel: Telefonieren - mailen - reden - erörtern - diskutieren - denken - reisen - Spaß haben.

Können Sie etwas zu Ihrem Arbeitspensum (in Wochenstunden) und zum Gehaltsgefüge innerhalb der Tourismusbranche sagen?

Ich bin selbst und ständig – frisch, fröhlich und (teilweise) frei! Das Gehaltsgefüge ist deutlich besser als der Ruf; im Vergleich zur Industrie relativ schlecht, aber relativ gut im Vergleich zum Einzelhandel. Man kann sorgenfrei, ohne reich zu werden, leben!

Was sind die Voraussetzungen für Ihre Tätigkeit? Worauf kommt es fachlich, sozial und menschlich/persönlich dabei an?

Elementar ist: Neugier - Bock drauf haben - machen. Wesentlich ist: Kommunikation – Schnelligkeit im Denken und Handeln - Klar- und Echtheit.

Arbeiten in der Tourismusbranche – bedeutet dies automatisch viel unterwegs zu sein und viel zu reisen?

Ein klares Nein! Die meisten meiner Kollegen und Bekannten in der Branche haben eine jährliche Reisekostenabrechnung weit unter 1.000 Euro. Hier gilt neben dem Stichwort des kompetenzorientierten Einsatzes auch ein Blick in die jeweiligen Stellenprofile zu tätigen! Die Reiseintensität ist im Branchenvergleich ziemlich durchschnittlich.

Was sind grundsätzlich die Vor- und Nachteile in der Tourismusbranche zu arbeiten?

Die Frage ist Quatsch – eine Pauschalisierung wäre unredlich.

Haben sich Ihre beruflichen Erwartungen insgesamt bisher erfüllt?

Nein, persönliche Entwicklungen sowie Marktdynamiken modifizierten bzw. relativierten meist die Erwartungen, selbst sogar mittelfristige. Das macht aber nichts.

Können Sie jungen Leuten einen beruflichen Einstieg in die Tourismusbranche empfehlen?

Ja, nur zu. Jeder gestaltet aber dann sein Abenteuer selbst! Stagnationen und Niederlagen als Rückschritte gilt es einzuplanen. Wie das metaphorische Gewitter, welches die Luft reinigt. Befreit - entwickelt - tut dann irgendwann gut!

Ausbildung oder Studium oder beides nacheinander? Was ist der bessere Weg heutzutage? Gibt es „den" Königsweg?

Ich wäre für Ausbildung und dann Studium und dann Erfahrungen sammeln! Immer daran denken, wie Rom erbaut wurde. Daher bitte alles mit nachhaltigem pro-aktivem Einsatz angehen. Frühberufliche „Nehmerqualitäten" und Anspruchsdenken sind vollkommen fehl am Platz!

Für alle, die Tourismus studieren wollen – reicht der Bachelor-Abschluss heutzutage aus Ihrer Sicht aus oder muss es zwingend der Master-Abschluss sein? Wie erfahren ist die Tourismusbranche mit den neuen Studienabschlüssen?

Mein Gefühl ist, dass der Bachelor nicht reicht. Die Personen, die derzeit nach dem Bachelor auf dem Arbeitsmarkt kommen, meinen reif zu sein, sind aber oftmals das krasse Gegenteil. Ich glaube, die Branche hat derzeit nur sehr geringe Erfahrungen mit den neuen Studienabschlüssen. Der Markt ist auch derartig unübersichtlich geworden.

Welche beruflichen Einstiegsmöglichkeiten bietet das Unternehmen, in dem Sie beschäftigt sind, jungen Menschen (z.B. Praktika, Projektarbeiten, Bachelor-/ Master-Thesis, Traineeprogramm, Direkteinstieg)?

Wir bieten Praxissemesterplätze, ½-jährige Praktika nach dem Studium und alle 15 Monate eine Trainee-Stelle.

Was schätzen Sie an Ihren jungen Bewerbern, was vermissen Sie bzw. wo sehen Sie grundlegend noch Verbesserungsbedarf im Ausbildungssystem?

Die Affinität zur Technik und zu den Neuen Medien sowie die Sprachkompetenz gilt es positiv herauszustellen. Die kritische, ehrliche (Selbst-)Reflexion und einen begeisternden Einsatz vermisse ich oft.

Als Letztes - was würden Sie jungen Schulabgängern, die vor ihrer Berufswahl stehen, mit auf den Weg geben?

Bitte beides im Fokus haben: Leben und Job! …und wenn man was macht, dann richtig (gerne jedoch mit Zwischenfeedbacks), denn alles andere wird nur anstrengend!

HERZLICHEN DANK!!

Unternehmen: Air New Zealand
Kategorie: Airline
Name: Robert Schumann
Position: Business Support Executive
Internet: www.airnewzealand.co.nz

Warum haben Sie sich beruflich ausgerechnet für die Tourismusbranche entschieden?

Da ich durch jahrelange Auslandsaufenthalte in einem internationalen Umfeld aufgewachsen bin, hatte ich schon immer ein großes Interesse an verschiedenen Kulturen und Ländern. Dieses Interesse hat mich darin bestärkt, häufig zu reisen. Die Tourismusbranche bietet mir die Möglichkeit, mit Menschen aus aller Welt zu arbeiten und fremde Länder kennen zu lernen. Diese Vielfältigkeit ist das, was mich am Berufsfeld Tourismus begeistert und mich mit Motivation zur Arbeit gehen lässt, da spannende Aufgaben und Abwechslung garantiert sind.

Wie haben Sie den Einstieg in die Tourismusbranche gefunden? Welche Ausbildung (Studium) haben Sie absolviert?

Aufgrund meiner Neigungen und Interessen war mir nach meinem Schulabschluss relativ schnell klar, dass ich gerne einen Studiengang im Tourismus absolvieren wollte. Deshalb habe ich an der EBC Hochschule Hamburg ein dreijähriges Bachelor-Programm mit dem Schwerpunkt Tourismus- und Eventmanagement gewählt. Dieser Studiengang ermöglichte es mir, zwei

Abschlüsse zu machen. Neben einem EMA-Diploma in Tourism and Eventmanagement habe ich einen Bachelor of Arts in Business Management abgeschlossen. Mein Berufseinstieg bei meinem ersten Arbeitgeber (Air France-KLM) gelang mir über eine international tätige Vermittlungsfirma nur wenige Monate nach meinem Abschluss.

Würden Sie es noch einmal genauso machen?

Ja! Der Inhalt meines Studiums war sehr vielfältig. Durch die angebotenen Kurse erhielt ich einen guten Einblick in die verschiedenen Berufsfelder der Branche. Des Weiteren habe ich im Rahmen meines Studiums mehrere Auslandsaufenthalte absolviert. Bei meinem Auslandssemester in Spanien und zwei weiteren Praktika in Südamerika habe ich verhandlungssicheres Spanisch gelernt, welches ich gewinnbringend in meinem Beruf einsetzen kann. Bei der Berufswahl hat mir mein Studium sehr geholfen, da die meisten Segmente der Branche abgedeckt wurden. Außerdem habe ich sprachlich und kulturell von einem internationalen Umfeld profitiert.

War es leicht, Fuß zu fassen in der Tourismusbranche?

Man muss ohne Berufserfahrung am Anfang sicherlich geduldig sein. Wichtig ist, dass man Theorie und Praxis im Studium vereinen kann sowie im besten Fall eine weitere Fremdsprache während dieser Zeit erlernt. Wenn man flexibel und offen für Neues ist, findet man aufgrund der

Größe der Tourismusbranche relativ schnell einen Job. Trotzdem gehört Geduld immer dazu. Man sollte meines Erachtens am Anfang der Laufbahn nicht zu wählerisch sein, da es sich wie gesagt beim Tourismus um ein beliebtes Berufsfeld handelt. Selbst wenn man mit seinem ersten Job nicht zu 100 Prozent zufrieden ist, sollte man sich davon nicht entmutigen lassen. Auch negative Erfahrungen können für die zukünftige berufliche Laufbahn hilfreich sein.

Was machen Sie zurzeit genau – beschreiben Sie bitte Ihre berufliche Tätigkeit und Ihr Aufgabengebiet!

Ich arbeite im Vertrieb einer großen internationalen Fluggesellschaft, der Air New Zealand, und betreue Kunden (hauptsächlich Reisebüros) in Europa, indem ich sie beim Verkauf unserer Produkte unterstütze. Dies erfolgt entweder über den direkten Kontakt (Telefon/Email) oder ich besuche sie und präsentiere ihnen unsere Produkte in Filialen oder auf Reisemessen wie der ITB in Berlin. Für manche Partner bin ich außerdem die Kontaktperson, wenn es um die Planung und Durchführung verschiedener Marketing-Aktionen geht. Ich plane u.a. auch FAM-Trips (familiarisation trips), auf denen ich unseren Partnern auf verschiedenen Reisen mit unserer Fluggesellschaft unser Produkt an Bord vorstelle und sie die Möglichkeit haben, dieses kennenzulernen.

Wie sieht ein typischer Arbeitstag bei Ihnen aus – gibt es diesen überhaupt bei Ihnen?

Ich arbeite überwiegend im Büro. Von dort aus betreue ich in der Regel auch unsere Kunden. Ich unterstütze zudem andere Abteilungen, wie zum Beispiel den Online- oder Marketing-Bereich. Durch die vielen verschiedenen Tätigkeiten gestaltet sich der Arbeitstag sehr abwechslungsreich.

Können Sie etwas zu Ihrem Arbeitspensum (in Wochenstunden) und zum Gehaltsgefüge innerhalb der Tourismusbranche sagen?

In der Regel habe ich eine 37,5-Stunden-Woche bei einer 5-Tage-Woche. Bei Dienstreisen oder größeren Projekten kann sich die Arbeitszeit entsprechend erhöhen.

Was sind die Voraussetzungen für Ihre Tätigkeit? Worauf kommt es fachlich, sozial und menschlich/persönlich dabei an?

Meiner Meinung nach sind die wichtigsten Voraussetzungen für meine Tätigkeit Offenheit, Interesse an fremden Kulturen, kommunikationsstark und kundenorientiert sein und die Fähigkeit haben, in einem Team arbeiten zu können. Ebenfalls halte ich es für sehr wichtig, in der Lage zu sein, sich neuen Gegebenheiten, wie zum Beispiel veränderten Teams oder auch Aufgaben, anzupassen und sich darauf einzustellen.

Arbeiten in der Tourismusbranche – bedeutet dies automatisch viel unterwegs zu sein und viel zu reisen?

Nein - das ist von Job zu Job unterschiedlich. Der Reiseaufwand hängt ganz davon ab, in welchem Bereich der Tourismusbranche man arbeitet. Im Vertrieb, in dem ich momentan tätig bin, ist das Reisen ein wesentlicher Bestandteil meiner Tätigkeit. Zudem muss ich in meiner Funktion das Unternehmen bei verschiedenen Veranstaltungen, ob bei Messen oder gemeinsam mit Partnerfirmen, nach außen repräsentieren.

Was sind grundsätzlich die Vor- und Nachteile in der Tourismusbranche zu arbeiten?

Der Tourismus gehört weltweit zu den größten Wachstumsbranchen. Er bietet eine Vielfalt an unterschiedlichsten Tätigkeiten und Einsatzmöglichkeiten. Zudem sind die Jobs oft sehr abwechslungsreich. Für mich persönlich ist auch der internationale Aspekt, d.h. die Zusammenarbeit mit Menschen aus verschiedenen Ländern, wichtig und ein großer Vorteil.

Haben sich Ihre beruflichen Erwartungen insgesamt bisher erfüllt?

Ich bin zufrieden mit meinem bisherigen beruflichen Werdegang, vor allem deshalb, weil ich in den letzten drei Jahren zahlreiche unterschiedliche Tätigkeitsbereiche in der Luftfahrt kennen gelernt habe. Diese vielfältigen Erfahrungen haben mir geholfen, für mich herauszufinden, worauf ich mich zukünftig beruflich konzentrieren möchte.

Können Sie jungen Leuten einen beruflichen Einstieg in die Tourismusbranche empfehlen?

Ja. Meiner Meinung nach ist der Tourismus eine international geprägte und wirklich abwechslungsreiche Branche. Es gibt die unterschiedlichsten Einsatzmöglichkeiten und man kann ganz individuell seinen eigenen Interessen und Neigungen nachgehen und seine Ideen verwirklichen. Ich empfehle die Tourismusbranche jungen Menschen auch deswegen, weil man weltweit arbeiten kann und mit anderen Kulturen in Berührung kommt. Außerdem ist man oft in jungen Teams mit flachen Hierarchien tätig.

Ausbildung oder Studium oder beides nacheinander? Was ist der bessere Weg heutzutage? Gibt es „den" Königsweg?

„Den" Königsweg gibt es meiner Meinung nach nicht, da Menschen und deren Interessen bzw. Kompetenzen nicht gleich sind. Für mich persönlich war es der richtige Weg zu studieren und nach dem Studium sofort Berufserfahrung zu sammeln. Das Studium hat mich auf die Aufgaben im Arbeitsalltag gut vorbereitet. Außerdem hat mir das Studium geholfen, meine Interessen und Neigungen zu entdecken und mich sprachlich weiterzuentwickeln. Wenn man bereits nach dem Abitur genau weiß, in welchem Bereich der Tourismusbranche man arbeiten möchte, dann kann sicherlich auch eine Ausbildung ein geeigneter Weg sein.

Für alle, die Tourismus studieren wollen – reicht der Bachelor-Abschluss heutzutage aus Ihrer Sicht aus oder muss es zwingend der Master-Abschluss sein? Wie erfahren ist die Tourismusbranche mit den neuen Studienabschlüssen?

Das ist abhängig vom jeweiligen Segment innerhalb der Tourismusbranche und unterscheidet sich auch von Land zu Land, in dem man arbeiten möchte. Ich denke, dass man im Tourismus mit einem Bachelor-Abschluss gute Chancen hat. Für mich war der Master nach meinem Bachelor-Abschluss zunächst keine Option, da ich gerne direkt Berufserfahrung sammeln wollte. Gegebenenfalls absolviere ich in einigen Jahren noch einen Master-Studiengang, das wäre theoretisch schon eine Option für mich.

Welche beruflichen Einstiegsmöglichkeiten bietet das Unternehmen, in dem Sie beschäftigt sind, jungen Menschen (z.B. Praktika, Projektarbeiten, Bachelor-/ Master-Thesis, Traineeprogramm, Direkteinstieg)?

Air New Zealand hat seinen Hauptsitz nicht in Europa und stellt deshalb in erster Linie Vollzeitbeschäftigte ein. Für weitere Informationen zu den weltweiten Karrieremöglichkeiten bei Air New Zealand empfehle ich die Website.

Was schätzen Sie an Ihren jungen Bewerbern, was vermissen Sie bzw. wo sehen Sie grundlegend noch Verbesserungsbedarf im Ausbildungssystem?

Nach dem Tourismus-Studium verfügen die Hochschulabsolventen in der Regel über gute Fachkenntnisse. Auch sprachlich sind die jungen Berufsanfänger häufig gut aufgestellt. Was fehlt, ist ein stärkerer Praxisbezug des Studiums. Eine noch engere Zusammenarbeit mit Touristik-unternehmen oder auch der Luftfahrt könnte ein großer Vorteil für die Bewerber sein. Allein mit theoretischem Wissen ist man im dynamischen Arbeitsumfeld der Tourismusbranche nicht gut genug vorbereitet. Das ist ein Faktor, welcher meiner Meinung nach in der Zukunft verbessert werden könnte.

Als Letztes - was würden Sie jungen Schul-abgängern, die vor ihrer Berufswahl stehen, mit auf den Weg geben?

Aufgrund eines immer vielfältigeren Ausbil-dungsangebots ist es für Schulabgänger zu-nehmend schwieriger herauszufinden, welchen beruflichen Werdegang sie einschlagen möchten. Persönliche Interessen sollten meiner Meinung nach bei der Suche nach einer geeigneten Aus-bildung im Vordergrund stehen. So lässt sich herausfinden, ob der gewählte Weg der richtige ist. Oftmals benötigt man aber zunächst einige Jahre Berufserfahrung, um festzustellen, in wel-chem Bereich man genau arbeiten möchte. Das ist ganz normal und keineswegs verwerflich bei den heutigen Möglichkeiten. Wichtig ist, dass man sich nicht von Unwegsamkeiten oder even-tuell vorkommenden Misserfolgen zu sehr verun-sichern lässt.

HERZLICHEN DANK!!

Unternehmen: Lufthansa City Center,
Reisebüro Koch Übersee GmbH
Kategorie: Reisebüro
Name: Brigitte Wirsig
Position: Geschäftsführerin
Internet: www.reisebuero-koch.com

*Warum haben Sie sich beruflich ausge-
rechnet für die Tourismusbranche entschieden?*

Es war Zufall oder aus heutiger Sicht vielleicht
auch Fügung. Ich habe schon als Schülerin im
Reisebüro Koch regelmäßig einen Ferienjob
gehabt, allerdings nach dem Abitur ein Studium
auf Lehramt begonnen. Nebenbei habe ich
immer einen Tag in der Woche im Reisebüro
Koch gearbeitet und irgendwann festgestellt,
dass ich mich auf diesen mehr freute als auf alle
anderen Tage an der Uni. Als mir dann das
Angebot eines einjährigen Volontariats gemacht
wurde, habe ich zugegriffen und mein Studium
kurzerhand an den Nagel gehängt. Nach dem
Volontariat hatte ich mir alle erforderlichen
Kenntnisse angeeignet und bekam ohne offizielle
Ausbildung eine Abteilungsleitung angeboten.
Das war der Beginn meiner Karriere im
Reisebüro Koch, 1987 bekam ich Prokura, seit
2001 bin ich Geschäftsführerin.

*Wie haben Sie den Einstieg in die
Tourismusbranche gefunden? Welche Ausbildung (Studium) haben Sie absolviert?*

Siehe oben.

Würden Sie es noch einmal genauso machen?

Ja, auf jeden Fall, aber heute würde ich eine solche Chance vermutlich nicht mehr bekommen, es ist schließlich alles schon mehr als 41 Jahre her.

War es leicht, Fuß zu fassen in der Tourismusbranche?

Zum damaligen Zeitpunkt war es überhaupt kein Problem.

Was machen Sie zurzeit genau – beschreiben Sie bitte Ihre berufliche Tätigkeit und Ihr Aufgabengebiet!

Ich bin seit 2001 Geschäftsführerin im Reisebüro Koch und habe damit alle Aufgaben einer Führungsperson auf dieser Ebene. Dazu gehören organisatorische Dinge genauso wie Personalangelegenheiten, Vertrieb und Marketing. Da ich von der Basis komme, habe ich immer noch eine heimliche Leidenschaft, nämlich die Beratung von hochwertigen Kunden in Bezug auf individuelle Reisen in schöne Hotels, die ich sehr liebe und meistens auch selbst kenne. So kümmere ich mich noch immer um einige langjährige Kunden, die bei mir persönlich anfragen. Und wenn ich dann helfen kann, ist das immer eine große Freude. Ansonsten mache ich den gesamten Vertrieb für den Bereich Business Plus selbst, den ich 1980 ins Leben gerufen habe, und der damals noch „Firmendienst" hieß.

Wie sieht ein typischer Arbeitstag bei Ihnen aus – gibt es diesen überhaupt bei Ihnen?

Nein, den gibt es bei mir nicht, denn jeden Tag passieren ungeplante Dinge, ein einziger Anruf kann den ganzen Tagesablauf verändern. Ich bemühe mich aber immer, mit jedem meiner 19 Mitarbeiter wenigstens einmal am Tag ein paar Worte zu sprechen.

Können Sie etwas zu Ihrem Arbeitspensum (in Wochenstunden) und zum Gehaltsgefüge innerhalb der Tourismusbranche sagen?

Ich arbeite soviel, wie es das aktuelle Geschäftsgeschehen gerade erforderlich macht. Das können 40 Wochenstunden sein oder auch mal 60 h, wenn z.B. ein Wochenende und/oder die Abende hinzugenommen werden müssen. Aus meiner Sicht misst sich ein guter Manager nicht an der Quantität seiner Arbeitsstunden, sondern daran, was er qualitativ aus seiner Arbeitszeit macht. Ich arbeite sehr schnell und erledige alles, was ohne externe Unterstützung möglich ist, sofort. Insofern habe ich ein gutes Zeitmanagement und schaffe es sehr oft auch, pünktlich nach Hause zu gehen. In anderen Branchen wird sicherlich deutlich mehr verdient, so gehört auch viel Idealismus dazu, trotzdem nicht tauschen zu wollen.

Was sind die Voraussetzungen für Ihre Tätigkeit? Worauf kommt es fachlich, sozial und menschlich/persönlich dabei an?

Ich bin ja „Primus inter Pares" geworden, insofern ein Sonderfall. Aber ich kenne unseren
„Laden" und unser Geschäft von der Pike auf
und habe somit als Praktikerin die Fähigkeit,
jede Situation sofort zu erfassen. Das hilft
enorm, bei Kunden und auch Mitarbeitern. Ein
ausgeprägtes Gespür für „das Menscheln", sich
seiner „selbst bewusst" zu sein, als Chef auch
durchaus einmal Schwächen zu zeigen, trotz
freundschaftlich-familiären Umgangs miteinander, die gebotene Distanz der hierarchischen
Ebenen zu wahren (ich duze mich mit nie-
mandem) und vor allem eine große Portion
Humor, diese Mischung macht aus meiner Sicht
eine gute Führungskraft aus.

***Arbeiten in der Tourismusbranche –
bedeutet dies automatisch viel unterwegs
zu sein und viel zu reisen?***

Nein, das bedeutet es in meinem Job nicht.
Natürlich kommt es gelegentlich vor, dass ich zu
Veranstaltungen reise, an Tagungen teilnehme
oder Kunden besuche, die nicht in Hamburg oder
Umgebung ansässig sind. Ansonsten reise ich
eher freiwillig relativ häufig und immer noch
gerne, da ich mir meine Neugier bewahrt habe.

***Was sind grundsätzlich die Vor- und Nach-
teile in der Tourismusbranche zu arbeiten?***

Als Nachteil fällt mir eigentlich nur ein, dass
junge Menschen gegenüber anderen Branchen
ziemlich schlecht bezahlt werden und die
Karrierechancen eher mittelmäßig sind, da Jobs
in Führungspositionen, zumindest im Reisebüro,
eher Mangelware sind. Vorteile gibt es so viele,

dass der Platz, der mir für meine Antwort zur Verfügung steht, nicht ausreichen würde, alle aufzuzählen.

Haben sich Ihre beruflichen Erwartungen insgesamt bisher erfüllt?

Mehr als das, ich hätte mir nie träumen lassen, dass ich einmal auf diesem Stuhl landen würde, und das nun schon seit 14 Jahren als Geschäftsführerin und insgesamt über 41 Jahre!

Können Sie jungen Leuten einen beruflichen Einstieg in die Tourismusbranche empfehlen?

Ja, aus Idealismus, aber den muss man schon mitbringen. Wer das ganz große Geld verdienen will, muss entweder Glück auf seinem Karriereweg haben oder eine andere Branche wählen.

Ausbildung oder Studium oder beides nacheinander? Was ist der bessere Weg heutzutage? Gibt es „den" Königsweg?

Ich kenne „den" Königsweg nicht, sicher ist das auch ein wenig von dem jeweiligen Bereich im Tourismus abhängig. In aller Regel werden aber Mitarbeiter mit ausreichend praktischen Erfahrungen gesucht, insofern empfehle ich vor einem weiterführenden Studium immer eine Ausbildung.

Für alle, die Tourismus studieren wollen – reicht der Bachelor-Abschluss heutzutage aus Ihrer Sicht aus oder muss es zwingend der Master-Abschluss sein? Wie erfahren ist die Tourismusbranche mit den neuen Studienabschlüssen?

Ich denke, dass da gerade ein Umdenken stattfindet, und es ja auch diverse neue Studiengänge gibt. Der Prozess befindet sich noch ziemlich am Anfang. Aus meiner Sicht sollte ein Bachelor-Abschluss reichen, um erst einmal Fuß zu fassen, aber das sollte jeder für sich selbst entscheiden. Für die Arbeit in einem Reisebüro ist eine gute Ausbildung und danach möglichst viel praktische Erfahrung wichtiger als ein Hochschulstudium.

Welche beruflichen Einstiegsmöglichkeiten bietet das Unternehmen, in dem Sie beschäftigt sind, jungen Menschen (z.B. Praktika, Projektarbeiten, Bachelor-/Master-Thesis, Traineeprogramm, Direkteinstieg)?

Wir stellen jedes Jahr einen Auszubildenden ein, der eine hochprofessionelle Ausbildung bekommt, für die wir uns sehr viel Zeit nehmen. Mehr können wir bei unserer Personenzahl nicht anbieten, da wir keine Kapazitäten haben, um uns um weitere junge Menschen zu kümmern.

Was schätzen Sie an Ihren jungen Bewerbern, was vermissen Sie bzw. wo sehen Sie grundlegend noch Verbesserungsbedarf im Ausbildungssystem?

Ich schätze es sehr, wenn sich jemand wirklich ausführlich mit seinem zukünftigen Berufsbild auseinandergesetzt hat. Grundsätzlich sind eine gute Persönlichkeit, die Fähigkeit zur Kommunikation, hohe soziale und emotionale Kompetenz und ein stilsicheres Auftreten wichtiger als besonders gute Noten in Fächern, die für die Ausbildung ohnehin keine Rolle spielen. Manchmal vermisse ich eine gesunde Selbsteinschätzung.

Als Letztes - was würden Sie jungen Schulabgängern, die vor ihrer Berufswahl stehen, mit auf den Weg geben?

Probieren Sie sich aus, seien Sie neugierig und gestehen Sie sich im Zweifelsfall auch zu, aus der bloßen Theorie heraus eine falsche Wahl getroffen zu haben. Haben Sie dann den Mut zur Umkehr, ehe Sie jahrelang unglücklich und somit auch nicht leistungsfähig sind. (Hierzu habe ich zahlreiche Beispiele aus meiner Praxis.)

Was hält Sie schon seit mehr als 41 Jahren in ein- und demselben Unternehmen?

Ich habe hier das gefunden, was mir auch heute noch Spaß macht, habe alle Karrierechancen bekommen und auch genutzt und hatte immer einen sehr großen Gestaltungsrahmen. Dieses Unternehmen hat eine Kultur, die ich wesentlich prägen und weiterentwickeln konnte, und ich hoffe, sie bleibt auch erhalten, wenn ich eines Tages ausscheide.

HERZLICHEN DANK!!

Unternehmen: TUI Cruises GmbH
Kategorie: Kreuzfahrten
Name: Richard J. Vogel
Position: CEO (Geschäftsführer)
Internet: www.tuicruises.com

Warum haben Sie sich beruflich ausgerechnet für die Tourismusbranche entschieden?

Ehrlich gesagt, habe ich diesen beruflichen Weg nie so geplant. Tatsächlich bin ich vor etwa 30 Jahren eher zufällig über die Begegnung mit einem Bekannten mit der Tourismusbranche in Berührung gekommen. Allerdings habe ich dann schnell festgestellt, dass wir mit unserer Branche einen wertvollen Beitrag für das Wohlbefinden der Menschen leisten können. Das hat mich dann nicht mehr losgelassen…

Wie haben Sie den Einstieg in die Tourismusbranche gefunden? Welche Ausbildung (Studium) haben Sie absolviert?

Ich bin ein klassischer Seiteneinsteiger. Ursprünglich habe ich Bauzeichner gelernt und dann ein Ingenieursstudium angefangen. Meine ersten Erfahrungen im touristischen Bereich habe ich dann Anfang der 80er Jahre als Musikanimateur und Reiseleiter und später als Geschäftsführer in der Clubhotellerie gemacht. 1996 bin ich dann in die Kreuzfahrtbranche gewechselt. Seit 2005 bin ich im TUI Konzern tätig, ab 2008 als CEO von TUI Cruises.

Würden Sie es noch einmal genauso machen?

Wenn ich wüsste, dass der Weg der Gleiche wäre, immer. Es ist eine fantastische Branche mit immer neuen Herausforderungen und Ansprüchen.

War es leicht, Fuß zu fassen in der Tourismusbranche?

Ich habe es zumindest nicht als schwer empfunden. Das ist aber natürlich bei jedem individuell anders. Mir hat die Arbeit von Anfang an viel Spaß gemacht. Und man kennt das ja bestimmt von sich selbst: Was einem Spaß macht, macht man dann auch gut und vor allem gern.

Was machen Sie zurzeit genau – beschreiben Sie bitte Ihre berufliche Tätigkeit und Ihr Aufgabengebiet!

Als CEO der TUI Cruises GmbH bin ich vor allem für die strategische Orientierung des Unternehmens zuständig und gebe die Ziele für das operative Geschäft vor. Ich muss also immer das große Ganze im Auge haben - das geht natürlich nur, wenn man hervorragende Mitarbeiter hat, auf die man sich immer verlassen kann. Wenn man in der Sprache unserer Branche bleiben will, bin ich also der Kapitän des Unternehmens und mein Büro die Brücke oder Kommandozentrale.

Wie sieht ein typischer Arbeitstag bei Ihnen aus – gibt es diesen überhaupt bei Ihnen?

Jeder Tag ist anders und sehr vielfältig. Neben meinen Organisations- und Führungsauf-gaben nehme ich an vielen strategischen Meetings teil, führe Mitarbeitergespräche und kümmere mich zurzeit sehr intensiv um unsere Neubauten und die Expansion unserer Wohlfühl-Flotte. Dazu bin ich natürlich auch öfters auf den Schiffen, um ganz nah an unserem Produkt und den Gästen zu sein.

Können Sie etwas zu Ihrem Arbeitspensum (in Wochenstunden) und zum Gehalts-gefüge innerhalb der Tourismusbranche sagen?

Ich komme sicherlich im Schnitt auf 60 Wochen-stunden, da oft auch Dienstreisen an Wochen-enden oder Langstreckenflüge zu meinem Job gehören. Das ist in meiner Position ganz normal. Grundsätzlich sollte man Freude haben, an dem, was man tut. Das ist die Grundvoraussetzung für jede Tätigkeit. Insgesamt ist das Gehaltsgefüge in der Branche so vielfältig wie die Tätigkeiten in der Branche selbst.

Was sind die Voraussetzungen für Ihre Tätigkeit? Worauf kommt es fachlich, sozial und menschlich/persönlich dabei an?

Eine fundierte Ausbildung ist Grundvoraussetzung, wobei sie nicht immer zwangsweise touristikorientiert sein muss. Zum Beispiel sind ein BWL- oder Marketingstudium oder aber auch eine abgeschlossene Berufsausbildung ein Indikator, sich bereits mit der Arbeitswelt als solches beschäftigt zu haben. Mit Fleiß, Neugierde und Ehrgeiz eignet man sich dann die branchenspezifischen Kenntnisse an. Offenheit gegenüber fremden Kulturen, Spaß am Reisen sowie die Fähigkeit zu kommunizieren, ist natürlich ein Muss. Ein Koch sollte ja schließlich auch wissen, wie sein Essen schmeckt.

Arbeiten in der Tourismusbranche – bedeutet dies automatisch viel unterwegs zu sein und viel zu reisen?

Es hängt natürlich immer von der jeweiligen Aufgabe ab, die Branche ist extrem vielschichtig. In meinem speziellen Fall schon. In erster Linie ist es aber natürlich unsere Aufgabe, dass unsere Gäste möglichst viel reisen. Dafür arbeiten wir jeden Tag.

Was sind grundsätzlich die Vor- und Nachteile in der Tourismusbranche zu arbeiten?

Nachteile kenne ich ehrlich gesagt nicht. Und Vorteile? Na ja, man kann manchmal günstiger reisen als andere. Professionell betrachtet ist der größte Vorteil wohl, dass wir sehr schnell erkennen, ob der Kunde mit unserer Leistung zufrieden ist. Und einen solchen Gradmesser hat nicht jede Branche…

Haben sich Ihre beruflichen Erwartungen insgesamt bisher erfüllt?

Absolut, wenn nicht sogar übererfüllt. Am Anfang meiner touristischen Karriere habe ich mir nicht vorstellen können, dass zu tun, was ich heute mache.

Können Sie jungen Leuten einen beruflichen Einstieg in die Tourismusbranche empfehlen?

Definitiv ja. Es ist und bleibt eine Wachstumsbranche. Auf Reisen wird als Allerletztes verzichtet. Jeder Mensch kommt an einen Punkt, an dem er Erholung braucht und sich sozusagen selbst „wartet". Und dann kommen wir ins Spiel.

Ausbildung oder Studium oder beides nacheinander? Was ist der bessere Weg heutzutage? Gibt es „den" Königsweg?

„Den" einen Königsweg gibt es nicht, da unsere Branche ja sehr vielschichtig ist. Wenn man eine Karriere in der höheren Hierarchieebene anstrebt, macht es Sinn zunächst eine Ausbildung zu absolvieren und danach mit einem Studium weiterzumachen, in dem man in mehrmonatigen Praktika praktische Erfahrung sammelt. Klassische Semesterferienjobs zum Beispiel als Club-Animateur oder in der Gastronomie schaden sicherlich auch nicht.

*Für alle, die Tourismus studieren wollen –
reicht der Bachelor-Abschluss heutzutage
aus Ihrer Sicht aus oder muss es zwingend
der Master-Abschluss sein? Wie erfahren ist
die Tourismusbranche mit den neuen
Studienabschlüssen?*

Für den Einstieg ist ein Bachelor-Studium
sicherlich ausreichend. Für den Aufstieg in die
Führungsebene ist neben der praktischen Erfahrung ein Master-Abschluss sehr hilfreich.

*Welche beruflichen Einstiegsmöglichkeiten
bietet das Unternehmen, in dem Sie
beschäftigt sind, jungen Menschen (z.B.
Praktika, Projektarbeiten, Bachelor-/
Master-Thesis, Traineeprogramm, Direkteinstieg)?*

Wir bieten den Direkteinstig nach dem Studium,
eine Ausbildung zur Tourismuskauffrau/-mann,
ein Duales Studium „Maritime Management" an
der HSBA sowie vier- bis sechsmonatige Praktika
im Rahmen des Studiums.

*Was schätzen Sie an Ihren jungen
Bewerbern, was vermissen Sie bzw. wo
sehen Sie grundlegend noch Verbesserungsbedarf im Ausbildungssystem?*

Ich schätze vor allem praktische Erfahrungen,
die sich die Bewerber angeeignet haben. Und
genau da sehe auch noch Verbesserungsbedarf
in der Ausbildung.

Als Letztes - was würden Sie jungen Schulabgängern, die vor ihrer Berufswahl stehen, mit auf den Weg geben?

Nie aufhören zu lernen, immer zuhören und immer neugierig bleiben....

Eine selbstgestellte Frage: Was ist Ihr Ausgleich zum Job?

Ohne Bewegung geht es bei mir nicht. Zu Gründungszeiten von TUI Cruises habe ich eine Laufgruppe ins Leben gerufen, die es bis heute gibt. Und auch wenn ich unterwegs bin, habe ich meine Sportsachen immer dabei.

HERZLICHEN DANK!!

Kategorie: Medien/Reisejournalismus
Unternehmen: Das Schiffsreisen-Magazin
Name: Oliver Schmidt (V.i.S.d.P.)
Position: Chefredakteur
Internet: www.schiffsreisen-magazin.de

Warum haben Sie sich beruflich ausgerechnet für die Tourismusbranche entschieden?

Ich habe das – zugegeben – erst getan, als a) ein unwiderstehliches Angebot kam und ich b) reif genug war, dabei auf mein Bauchgefühl zu hören. Ich kenne und liebe die Kreuzfahrt-Branche seit 1979, aber erst 2003 habe ich als Chefredakteur eines seetouristischen Mediums den letzten entscheidenden Schritt getan, hierin meine Zukunft zu suchen. Auch, wenn die wirtschaftlichen Ergebnisse noch immer nicht berauschend sind: Die Entscheidung war richtig. Jungen Kollegen würde ich raten, ebenfalls auf den Bauch zu hören – innerhalb des Tourismus gibt es dann mannigfaltige Möglichkeiten, sich zu entwickeln und das Arbeitsgebiet zu wechseln.

Wie haben Sie den Einstieg in die Tourismusbranche gefunden? Welche Ausbildung (Studium) haben Sie absolviert?

Ich habe kein Studium absolviert. Ich bin ausgebildeter Fernsehtechnikermeister, weil der Berufsberater mein Ziel, Reisejournalist zu werden, in Richtung Kameramann korrigiert hat. Die Beratung war oberflächlich und psychologisch wertlos, aber mehr kann man wohl von einem staatlichen „Fließbandarbeiter" in der Berufsberatung nicht erwarten. Dass sich später – viel später! – der Einstieg in den eigentlichen Wunschberuf doch noch ergab, war eine Mischung aus Beharrlichkeit und der feinen Nase, jede Chance zu erkennen und auch zu nutzen – und sehr viele unbezahlte Vorleistungen zu erbringen (die übrigens noch nicht zu Ende sind). All diese „Tugenden" seien auch jedem anderen empfohlen, selbst, wenn sein Einstieg geradliniger verläuft als meiner.

Würden Sie es noch einmal genauso machen?

Einige Umwege würde ich mir gewiss sparen, und ich würde früher darauf achten, in eine wirtschaftlich attraktive Zone meines Berufslebens zu gelangen. Nie (!) aber würde ich einen Berufseinstieg wählen, der nicht mit einigen Jahren Praxis beginnt. Ein Mensch, der 18 Jahre nicht viel anderes als Schule gesehen hat, muss zupacken lernen, muss fühlen, wie die Welt funktioniert, dass die „heile Welt" aus dem „Schonraum Schule" nicht real existiert. Mit Ende 20 ist es dazu meist zu spät, dann ist oft schon ein vielleicht genialer, aber alltagsuntauglicher Bücherwurm entstanden (die brauchen wir zwar auch, aber bitte nicht in Massen).

War es leicht, Fuß zu fassen in der Tourismusbranche?

Ich kann die Antwort nur für den Reisejournalismus geben, und dort hat nur eine Chance, wer schon Fuß gefasst hat. Für mich hat das bedeutet: Zehn Jahre für die Schublade schreiben, weil's keiner haben wollte, dann fünf Jahre allmähliche Akzeptanz, dann sechs Jahre „Volontariat als Chefredakteur" (ohne Bezahlung). Zur jetzigen Situation: Siehe übernächste Frage.

Was machen Sie zurzeit genau – beschreiben Sie bitte Ihre berufliche Tätigkeit und Ihr Aufgabengebiet!

Ich bin Herausgeber, Chefredakteur und Verleger der Medien Schiffsreisen-Magazin (online), Schiffsreisen-TV (online), Schiffsreisen-Talk (online) und Schiffsreisen-Magazin *kompakt* (Print, Kundenmagazin für Reisebüros). Das heißt, ich habe sie als Herausgeber erfunden und ihnen ein Gesicht gegeben, fülle sie als Chefredakteur mit Inhalt und bringe sie als Verleger an den Leser und versuche sie zu finanzieren. Diese Tätigkeit umfasst Recherchereisen und spätere Berichterstattung in Text, Foto und Film, die Konzeption jeder neuen Edition des Magazins, die Akquise der Beiträge bei Autorenkollegen, das Redigieren der Texte, Bildbearbeitung, Umsetzung in Grafik und ins Web, Schnitt und Bearbeitung der Filme für unsere Sendungen, die Akquise von Lesern und von Werbekunden. Nebenbei liefere ich für einige Zeitungen, Magazine und Bücher Beiträge und mache bisweilen Vorträge und Bühnenmoderationen.

Wie sieht ein typischer Arbeitstag bei Ihnen aus – gibt es diesen überhaupt bei Ihnen?

Davon gibt es zwei Sorten, die völlig unterschiedlich sind. Findet er mit Kamerateam oder als allein recherchierender Reisejournalist an Bord eines Kreuzfahrtschiffes statt, unterscheidet er sich nicht allzu sehr von dem eines interessierten und auf Erlebnis statt Erholung hungernden Passagiers: An allem teilnehmen, fotografieren, Hintergründe erfragen. Im Hafen zwölf Stunden Marsch mit der Kamera, allem nachspüren, was neugierig macht. Denn: Wenn ich neugierig bin, ist es der Leser auch. Der andere Alltag findet am Schreibtisch statt. Home-Office, ohne Kollegen. Manchmal sehr einsam; man ertappt sich dabei, dass man mittags einen Schnellimbiss aufsucht, auch wenn man keinen Hunger hat. Man möchte nur mal unter Menschen. Am Schreibtisch: Geschichten schreiben, ausgewogenes Magazin zusammenstellen, Autorenbeiträge erbitten, sichten und redigieren, Fotos bearbeiten, Werbung verkaufen, für andere, die einem gefällig waren, „Strippen ziehen". Morgens gegen neun geht's los, die „Pause" wird dann gemacht, wenn ohnehin ein Außentermin ansteht. Meist „dritte Schicht" nach dem Abendessen. Gegen eins, wenn im Radio Domian kommt, nur noch leichte Tätigkeiten (Mails sortieren, Fotos heraussuchen). Um zwei ins Bett. Um neun von vorne, es sei denn, es steht eine Reise an. Das Ganze übrigens von Montag bis Sonntag. Das wirtschaftliche Ergebnis nach Zahlung aller Kosten (Reisekosten, Autorenhonorare, Serverkosten) liegt etwa auf der Höhe des Hartz-IV-Satzes.

Können Sie etwas zu Ihrem Arbeitspensum (in Wochenstunden) und zum Gehaltsgefüge innerhalb der Tourismusbranche sagen?

Das Gehaltsgefüge im Tourismus war und ist erkennbar niedriger als in vergleichbaren Branchen. Wer etwa einen PR-Job sucht, ist in der Automobil- oder chemischen Industrie deutlich besser aufgehoben, es sei denn, er kommt als Idealist. Da die Anforderungen in der Touristik gleichwohl hoch sind, ist sie trotz des geringen Einkommensspiegels kein Sammelbecken für die qualitative „Mittelklasse". Der Anspruch an die Touristiker, um der Sache selbst willen vollen Einsatz zu bringen, tut dem Produkt in fast allen Fällen sehr gut.

Was sind die Voraussetzungen für Ihre Tätigkeit? Worauf kommt es fachlich, sozial und menschlich/persönlich dabei an?

Dass ein Reisejournalist ansprechend und fehlerfrei schreiben muss, versteht sich von selbst. Dass er möglichst auch fotografisch kein Legastheniker sein sollte, liegt ebenfalls auf der Hand, damit er nicht auf einen mitreisenden (und Kosten verursachenden) Fotografen angewiesen ist – leider gibt es aber hier mehr als genügend Gegenbeispiele. Belastbarkeit und weitgehende Gleichgültigkeit, ob man nun freitags nachmittags nach Hause kommt oder erst Sonntag früh, kommt hinzu, denn wer in einem Nine-To-Five-Job Reisegeschichten recherchieren will, wird notwendigerweise binnen kürzester Frist scheitern. Wer nicht jede der Reisen liebt wie sein eigenes Kind, der lässt es besser. Was aber auch unabdingbar ist: eine gesunde Neugier. Und zwar eine ehrliche, ohne vorgefertigte Meinung: Wie funktioniert das? Wie macht der hier seinen Job? Warum funktioniert dieses oder jenes vertraute Gesellschafts- oder Arbeitsmodell in einem anderen Land nicht? Und warum sind das Land und seine Bewohner deswegen nicht schlechter, sondern oftmals reicher als wir (man beachte Ulrich Wickerts Buchtitel, der die gesamte Aussage des Buches in sich trägt: „Vom Glück, Franzose zu sein"). Obgleich der Reisejournalist oft einen VIP-Vermerk in der Passagierliste hat, empfindet er sich überall in der Welt als Gast, denn meistens reist er auf Einladung eines Veranstalters oder Tourismusbüros. Dennoch darf (soll!) er kritisch berichten. Das braucht Fingerspitzengefühl. Wenn es mir mal fehlte, hab ich es hinterher gemerkt (hoffentlich!) – und was dazugelernt...

Arbeiten in der Tourismusbranche – bedeutet dies automatisch viel unterwegs zu sein und viel zu reisen?

Das kommt ganz allein darauf an, welchen Job im Tourismus man sich aussucht, und in vielen Fällen, wie man ihn wahrnimmt. Dass ein Reiseleiter oder Kreuzfahrtdirektor selten daheim ist, erklärt sich von selbst. Dass der Buchhalter eines Touristik-Unternehmens nicht reist, ebenfalls. Wer aber als Produktmanager eines Kreuzfahrtschiffes auf der Landseite die Verantwortung trägt, kann vom Schreibtisch aus organisieren und seine Direktiven an Bord mailen – oder er kann viel Zeit nutzen, um dem Bordbetrieb über die Schulter zu schauen, dabei die Bande zwischen Schiff und Landseite enger knüpfen und gegenseitiges Verständnis erzeugen. Wer etwa für den Einkauf von Landausflügen verantwortlich ist, kann das per Katalog und Telefon erledigen – oder selbst hinfahren. Das gibt ihm die Möglichkeit, Unbrauchbares von Anfang an auszumerzen und das persönliche Vertrauen seiner Geschäftspartner vor Ort zu gewinnen. Das wird ihm, falls mal etwas schief geht, sehr helfen. Meine Erfahrung ist grundsätzlich: Nur, wer dort war, weiß, was läuft. Wer diese Phase hinter sich hat, kann sich in der gegebenen Jobvielfalt meist etwas aussuchen, wo er in Ruhe seine Familie gründen und von der erworbenen Kompetenz und seinem Netzwerk zehren kann.

Was sind grundsätzlich die Vor- und Nachteile in der Tourismusbranche zu arbeiten?

Wer ein guter Touristiker ist, dem gehört die Welt. Er ist polyglott, überall zu Hause, versteht sich mit Menschen rund um den Globus, hat (automatisch) nach einiger Zeit keine Vorurteile mehr und kann sich auf Menschen und Situationen optimal einstellen. Das bringt es jedoch mit sich, dass man sich irgendwann mit Menschen, die diese Entwicklung nicht durchgemacht haben, nicht mehr versteht.

Man hatte doch während der Schulzeit das ganze Auslandsjahr in Spanien zusammen gemeistert?! Und nun, nach zehn Jahren, haben zwei Freunde sich nichts mehr zu sagen. Einfach zu erklären: Beide nutzen ihre Sprachkenntnisse, aber der eine ist Reiseleiter geworden, der andere Gerichtsdolmetscher. Das kann nicht gut gehen und tut es der Erfahrung nach auch nicht. Es gab die Kreuzfahrtdirektorin, die, während ihres (Land-!)Urlaubs nach einem Termin gefragt, antwortete: „Nee, da kann ich nicht, da bin ich gerade auf Weltreise!" Das wurde ihr als schrecklich arrogant ausgelegt, war aber gar nicht so gemeint.

Konkreter Vorteil: Touristiker werden als belastbare Allroundtalente in vielen Positionen auf der Landseite hoch geschätzt, wenn sie den Einsatz vor Ort satt haben. Nachteil: Diejenigen, die im Tourismus reich geworden sind, finden bequem in einem Rettungsboot Platz...

Haben sich Ihre beruflichen Erwartungen insgesamt bisher erfüllt?

Meine beruflichen Erwartungen haben sich mehr als erfüllt, weil ich das Vertrauen verschiedener Unternehmen genieße und mit ihnen bisweilen am Rande meines eigentlichen Jobs neue Ideen und Konzepte entwickeln kann (aber freilich unterscheiden muss: Wann darf ich kreativ sein? Wann muss ich kritisch berichten? Als Berater erworbenes Wissen darf vom Journalisten nicht publiziert werden, sonst ist das Vertrauen dahin!). Ein Risiko allerdings birgt die Begeisterung – und ich bin voll darauf hereingefallen und knabbere daran noch heute: Wer eine Sache mit Leidenschaft macht, vergisst leicht die Frage: Und was verdiene ich dabei? Denn der gefühlte Lohn ist ja die Sache selbst. Daher: Erst ein einträgliches Grundkonzept als Sockel bauen und den Erfolg kontrollieren (auf dem Konto!), dann die Randbereiche erkunden.

Können Sie jungen Leuten einen beruflichen Einstieg in die Tourismusbranche empfehlen?

Aber ja. Jedenfalls denen, die um der Sache selbst willen einsteigen, weil sie kosmopolitisch leben, viel entdecken und die Erfahrungen zu einem Teil ihrer selbst machen möchten. Denen, die all das gegen 500 Euro mehr Gehalt eintauschen würden, möchte ich auch gar keine Ratschläge geben; bei denen ist es zwecklos. Wären wir jedoch alle Touristiker (oder hätten, um es realistischer zu sagen, alle die Erfahrung und Attitüde langjähriger Touristiker), lebten wir frei von Völkerschlachten, mit einer sehr geringen Quote persönlicher und religiös bedingter Gewalt.

Ausbildung oder Studium oder beides nacheinander? Was ist der bessere Weg heutzutage? Gibt es „den" Königsweg?

Grundsätzlich gilt: Wer den Job in der Praxis ausprobiert und gemacht hat, der weiß sicher, dass er in der richtigen Branche ist und sich somit das Studium für ihn lohnt. Zudem wird er es mit Feuereifer betreiben, weil er endlich Antworten auf Fragen findet, die ihm in der Praxis schon längst begegnet sind, statt trockenes Zeug ohne Praxisbezug zu büffeln. Das ist der Königsweg, der allerdings auch ein Risiko birgt: Wer die Luft der großen, weiten Welt geschnuppert hat, lässt sich oft nur schwer für drei Jahre auf die Schulbank zurückverweisen...

Für alle, die Tourismus studieren wollen – reicht der Bachelor-Abschluss heutzutage aus Ihrer Sicht aus oder muss es zwingend der Master-Abschluss sein? Wie erfahren ist die Tourismusbranche mit den neuen Studienabschlüssen?

Die Tourismus-Branche kennt sich mit den neuen Abschlüssen nicht besonders gut aus. Das liegt aber auch daran, dass im Tourismus Macher gebraucht werden, Front-Leute, und jeder, der nicht „an der Front" begonnen hat, wird später schwerlich ein guter Entscheider werden. Daher ist der Abschluss im Tourismus nur die Eintrittskarte. Entweder, der Chef oder Personalchef weiß das und hat seine eigenen Entscheidungskriterien, oder er hat genug Platz im Unternehmen, um auf breiter Front einzustellen: Das Top-Drittel macht Karriere, das mittlere arbeitet an der Basis weiter und das letzte geht irgendwann wieder. Im Tourismus ist nämlich auch der Frust besonders groß, wenn jemand seinen Anforderungen nicht gewachsen ist, weil er sofort den geballten Ärger des Kunden, der sich um unwiederbringliche Ferientage betrogen sieht (als Reiseleiter besonders unangenehm), abbekommt. Deswegen: Leute, die nicht hineinpassen, muss man i.d.R. nicht entlassen. Die werfen das Handtuch von selbst.

Welche beruflichen Einstiegsmöglichkeiten bietet das Unternehmen, in dem Sie beschäftigt sind, jungen Menschen (z.B. Praktika, Projektarbeiten, Bachelor-/Master-Thesis, Traineeprogramm, Direkteinstieg)?

In unserem Online-Magazin „Schiffsreisen-Magazin" zählt nur Kompetenz, nicht irgendein Abschluss oder eine papierne Qualifikation. Jeder kann dort Autor werden, wenn er gut und ansprechend schreibt, und jeder kann Fotos liefern, wenn sie überdurchschnittlich gut sind. Dafür gibt es kein Honorar, aber den berühmten „Fuß in der Tür" (um sich einen Namen zu machen), was mich übrigens 15 Karriere-Jahre gekostet hat (s.o.). Deswegen haben motivierte Leute es bei uns leichter, als ich es hatte. Sie können als vollwertige freie Mitarbeiter im Impressum erscheinen und unser gesamtes Kontaktnetzwerk nutzen. Die jüngste Autorin, die das in Anspruch genommen hat, war 13, die älteste 87.

Was schätzen Sie an Ihren jungen Bewerbern, was vermissen Sie bzw. wo sehen Sie grundlegend noch Verbesserungsbedarf im Ausbildungssystem?

Fast alle Ausbildungssysteme kranken an zwei Dingen: Zum einen der fehlenden Übung in der sofortigen praktischen Umsetzung von Fertigkeiten (mit Berücksichtigung aller real existierenden Widrigkeiten: Finanzierung einer Maßnahme, deren psychologisch geschickter „Verkauf" an alle Mitwirkenden und das geübte Auge für die unerwünschten Nebenwirkungen der Aktion). Zum anderen der Motivation und der (psychologischen) Erfolgsstrategie. Hierzu gibt es in der freien Wirtschaft teure (und oft gute) Seminare. Da dies aber die Grundlage jeden Erfolges ist, sollten (zum Beispiel an den Berufsschulen und in den Oberstufen der Schulen) die Fächer Ethik und Religionslehre (die jedermanns Privatsache sind) durch zukunftsweisenden Unterricht in diesen Punkten ersetzt werden. Auch Hochschulen sollten solche Kurse im Angebot haben. Warum wählt man sonst eine (Hoch-)Schulausbildung, wenn man notwendige Dinge im Nachgang noch als Seminare teuer bezahlen muss?!

Als Letztes - was würden Sie jungen Schulabgängern, die vor ihrer Berufswahl stehen, mit auf den Weg geben?

Man kann heute – völlig anders als vor fünfzig Jahren – beinahe Kopfgeld aussetzen auf Leute, die in dem Beruf pensioniert werden, den sie einst erlernt haben. Soll heißen: Später zu wechseln, neue Kompetenzen zu erwerben und neue Tätigkeitsfelder zu erobern, ist kein Makel, sondern es ist erwünscht. Für den Berufsanfänger heißt das: Der einzige Fehler, den er machen kann, ist, zu sehr zu zaudern. Hinein ins Berufsleben! In einem Beruf, der sich erst einmal gut anfühlt. Der Rest ergibt sich, wenn man drin ist.

Eine selbstgestellte Frage: Wie sollte sich der Tourismus weiter entwickeln?

Ich möchte hier eine ungewöhnliche Antwort geben, denn um Nachhaltigkeit, Umweltbewusstsein und dergleichen kümmern sich schon genügend selbst ernannte oder echte Fachleute. Bei allem, was bisher über die gesellschaftlich positiven Auswirkungen des Tourismus (der Erfahrungen guter Touristiker und letztlich auch der Reisenden, denn auch die werden auf einer Reise ja nicht dümmer) gesagt wurde, möchte ich in aller Ernsthaftigkeit die Frage stellen: Warum wird kulturelle Förderung von staatlicher Seite so einseitig betrieben? Plätze in Theater- und Opernhäusern werden bisweilen mit mehreren hundert Euro pro Platz und Vorstellung subventioniert, auf dass ein etabliertes Theaterpublikum mit Dauer-Abo zum x-ten Male dasselbe Stück sieht, das womöglich vor 200 Jahren geschrieben wurde. Ich nehme für mich in Anspruch, dass ich von einer 14-tägigen Schiffsreise den gesamten Amazonas hinauf von Belém bis Iquitos mehr kulturelle Bildung (die der Gesellschaft nützt!) mitbringe, als wenn ich in der gleichen Zeit jeden Abend in die Oper gegangen wäre. Mein somit nicht verbrauchter „Anteil" an den Kultur-Subventionen würde locker reichen, die Reise zu bezahlen. Merkwürdigerweise bezahlt sie mir aber niemand. Warum eigentlich nicht?

HERZLICHEN DANK!!

Unternehmen: Messe Berlin GmbH
Kategorie: Messe
Name: David Ruetz
Position: Head of ITB Berlin,
Exhibition Director
Internet: www.messe-berlin.de
www.itb-berlin.com

Warum haben Sie sich beruflich ausge-rechnet für die Tourismusbranche ent-schieden?

Als gebürtiger Schweizer fühle ich mich berufen zu sagen: Ich funktioniere präzise wie eine Schweizer Uhr und bin vielseitig wie ein Schweizer Taschenmesser. Dazu kommt das genetische Gefühl für Servicequalität...

Wie haben Sie den Einstieg in die Tourismusbranche gefunden? Welche Aus-bildung (Studium) haben Sie absolviert?

Eher durch Zufall – mit 16 Jahren habe ich in dem Schweizer Traditionshotel Victoria-Jungfrau in Interlaken gejobbt, dann im (notabene geisteswissenschaftlichen) Studium nebenher mehrsprachig als Reiseleiter gearbeitet. In den Semesterferien habe ich Events mitorganisiert: Konferenzen an der Hochschule, Roll-outs für neue VW-Modelle oder beispielsweise den Berliner Presseball.

Würden Sie es noch einmal genauso machen?

Ja – denn eine offensichtlich gütige und vorausschauende Hand von oben hat bei mir alles glücklich zusammengefügt. Um mit Paulus zu sprechen: Wenn Gott für uns ist – wer oder was kann dann gegen uns sein?

War es leicht, Fuß zu fassen in der Tourismusbranche?

Durch bereits bestehende Erfahrungen – ja.

Was machen Sie zurzeit genau – beschreiben Sie bitte Ihre berufliche Tätigkeit und Ihr Aufgabengebiet!

Exhibition Director der ITB Berlin – The World's Leading Travel Trade Show®. Ich bin an der Spitze eines Teams, das Anfang März jeden Jahres auf knapp tausend Leute anwächst, verantwortlich, dass diese Messe mit ihren 10.000 Ausstellern aus über 180 Ländern geplant, vorbereitet, durchgeführt und weiterentwickelt wird.

Wie sieht ein typischer Arbeitstag bei Ihnen aus – gibt es diesen überhaupt bei Ihnen?

Ich bin viel auf Reisen beim Kunden, denn nur mit dem Ohr am Markt lassen sich sowohl Trends als auch Bedürfnisse erfassen. In Berlin selber ist es eine mehrheitlich koordinierende Tätigkeit zwischen den unzähligen Dienstleistern und Fachabteilungen sowie strategisches Denken, ganz simpel, am Schreibtisch.

Können Sie etwas zu Ihrem Arbeitspensum (in Wochenstunden) und zum Gehaltsgefüge innerhalb der Tourismusbranche sagen?

Mein Arbeitspensum: Open end und je nach Bedarf auch am Wochenende oder feiertags, zum Gehaltsgefüge innerhalb der Tourismusbranche kann ich keine Angaben machen.

Was sind die Voraussetzungen für Ihre Tätigkeit? Worauf kommt es fachlich, sozial und menschlich/persönlich dabei an?

Wie in jedem Beruf – Neugier und Ergebnisorientierung sind die Schlüssel. Wir nennen das erstere „professionelle Paranoia", weil wir die ITB jedes Jahr wieder kritisch hinterfragen und neu erfinden müssen. Ein Gefühl für interkulturelle Gegebenheiten wäre nicht verkehrt.

Arbeiten in der Tourismusbranche – bedeutet dies automatisch viel unterwegs zu sein und viel zu reisen?

Siehe oben. Reisen ist übrigens auch anstrengend – Flughafenprozeduren, klimatisierte Hotels, alleine ohne meine vier Kinder und meine Frau unterwegs zu sein. Viele Arbeitstage beginnen und enden am Schreibtisch im Büro.

Was sind grundsätzlich die Vor- und Nachteile in der Tourismusbranche zu arbeiten?

Es ist weder eine Nine-To-Five-Tätigkeit noch der Jet-Set-Job, bei dem man immer nur unterwegs zu den Traumdestinationen ist.

Haben sich Ihre beruflichen Erwartungen insgesamt bisher erfüllt?

Ja, nur dass ich nicht erwartet habe, dass ich dahin komme, wo ich jetzt bin.

Können Sie jungen Leuten einen beruflichen Einstieg in die Tourismusbranche empfehlen?

Definitiv.

Ausbildung oder Studium oder beides nacheinander? Was ist der bessere Weg heutzutage? Gibt es „den" Königsweg?

Parallel ist immer am besten.

Für alle, die Tourismus studieren wollen – reicht der Bachelor-Abschluss heutzutage aus Ihrer Sicht aus oder muss es zwingend der Master-Abschluss sein? Wie erfahren ist die Tourismusbranche mit den neuen Studienabschlüssen?

Persönliche Präferenzen sind maßgebend. Wer vertiefend seine Schwerpunkte in Theorie und Praxis setzen möchte, sollte über den Master nachdenken, ebenso bei zielgerichteten Karrierevorstellungen – laut Frankfurter Allgemeiner Zeitung vom April 2014 ist der Master der neue Dr.!

Welche beruflichen Einstiegsmöglichkeiten bietet das Unternehmen, in dem Sie beschäftigt sind, jungen Menschen (z.B. Praktika, Projektarbeiten, Bachelor-/ Master-Thesis, Traineeprogramm, Direkteinstieg)?

Alles vom Genannten.

Was schätzen Sie an Ihren jungen Bewerbern, was vermissen Sie bzw. wo sehen Sie grundlegend noch Verbesserungsbedarf im Ausbildungssystem?

Frischer Blick und die Fähigkeiten als Digital Natives sind immer hilfreich, der oft fehlende Praxisbezug kann halt nur durch Berufserfahrung kompensiert werden – diese sollte, egal wo, möglichst früh beginnen.

Als Letztes - was würden Sie jungen Schulabgängern, die vor ihrer Berufswahl stehen, mit auf den Weg geben?

1. Hinterfragt euch beständig. Was sollte man noch verbessern, was lief gut und was lief nicht

gut? Ladet andere (auch Kunden!) ein, diese Übung mit euch zu machen.

2. Fokussiert euch auf das Wesentliche und vergeudet keine Zeit mit „Dingen, die weder dringend noch wichtig sind" (Stephen R. Covey).

3. Holt euch Kraft aus Quellen, die euch wichtig sind. Als gläubiger Christ sind für mich die beiden wichtigsten Quellen die Beziehung zu meiner Frau und meinen Kindern und zu Gott.

Eine selbstgestellte Frage: Haben Sie sich heute schon bei gemeinsamer klassischer Kammermusik mit Ihren Kindern entspannt?

Nein, ich bin vom Flughafen leider gleich ins Büro gefahren, und abends spät schlafen die kleinen Musiker zuhause schon.

HERZLICHEN DANK!!

Unternehmen: Tourismus Zentrale
Saarland GmbH (TZS)
Kategorie: Reiseveranstalter
Name: Birgit Grauvogel
Position: Geschäftsführerin
Internet: www.tourismus.saarland.de

Warum haben Sie sich beruflich ausgerechnet für die Tourismusbranche entschieden?

Bereits im Gymnasium interessierte ich mich sehr für Geographie und Geschichte, aber auch für Politik und gesellschaftliche Themen. Schon als Kind sprachen mich Romane und Filme über ferne Länder, Menschen und Kulturen an. Besonders interessiert haben mich die Ausgrabungen der Pharaonen-Gräber in Ägypten, aber auch Themen wie Vegetation, Klima oder Landschaftsformen. Warum gibt es zum Beispiel in bestimmten Regionen Wüsten oder tropische Wälder und in anderen Regionen nicht? Nach dem Abitur war ich zunächst unschlüssig, was ich studieren sollte. Schnell fiel meine Wahl auf Geographie, bot mir doch das Studium die Betrachtung verschiedener Themen an. Der Studiengang Fremdenverkehrsgeographie/Angewandte Geographie hatte es mir nach dem Besuch einer Vorlesung angetan. Die Kombination mit dem Schwerpunkt Tourismus sprach mich an. Das Angebot kam meinen Neigungen entgegen und der Tourismus wirkte modern und versprach gute Berufsaussichten.

Wie haben Sie den Einstieg in die Tourismusbranche gefunden? Welche Ausbildung (Studium) haben Sie absolviert?

Der Einstieg in die Branche war nicht einfach. Nach dem Abschluss Anfang 1994 wartete niemand in der Branche auf eine diplomierte Geographieabsolventin mit Schwerpunkt „Fremdenverkehr", so hieß die Ausbildung damals noch (s.o.). Allerdings hatte ich auch keine exakte Zielsetzung, was oder wo ich hin wollte, bis auf die klare Einstellung, das ich nicht zu einem Reiseveranstalter, sondern eher konzeptionell bzw. gestaltend arbeiten wollte. Aufgrund meiner Joberfahrungen neben dem Studium kam auch die Hotellerie als Tätigkeitsfeld nicht in Frage. Nach einigem Suchen und einer Reihe von Bewerbungen bot sich mir die Möglichkeit, bei einem touristischen Beratungsunternehmen als Junior Consultant mit einem Projektvertrag für ein Jahr zu starten.

Würden Sie es noch einmal genauso machen?

Ja und Nein. Ich würde auf jeden Fall auch heute meinen Neigungen nachgeben, weil diese ein wesentlicher Bestandteil meiner Motivation sind. Aus heutiger Sicht würde ich für einige Monate ins Ausland gehen, eventuell erst nach dem Studium, um bereits in der Branche jobben zu können. Ich würde schon im Studium zielgerichteter Möglichkeiten nutzen, potenzielle Arbeitgeber kennenzulernen (Praktika, Aushilfsjob) und versuchen, die von der Hochschule angebotenen, häufig kostenlosen Kurse, z.B. zu Themen wie Projektmanagement, Präsentationstechniken, Programme oder Betriebssysteme intensiv zu nutzen. Später ist es mit erheblichem Aufwand verbunden, neben dem Berufsalltag noch qualifizierende zusätzliche Kompetenzen zu erwerben.

War es leicht, Fuß zu fassen in der Tourismusbranche?

Nein. Direkt nach dem Ende des Studiums habe ich keine Stelle gefunden, weil vermutlich die meisten potenziellen Arbeitgeber bzw. Unternehmen nicht wussten, was ich gelernt habe und wo sie mich einsetzen können. Das wusste ich damals auch nicht wirklich. Aus heutiger Sicht könnte ich das auf den Punkt bringen, damals fehlte mir das Wissen darüber, wo die Kompetenzen meiner Ausbildung lagen und wie sie sinnvoll eingesetzt werden können. Die Schwächen sehe ich allerdings auch deutlicher als damals.

Was machen Sie zurzeit genau – beschreiben Sie bitte Ihre berufliche Tätigkeit und Ihr Aufgabengebiet!

Als Geschäftsführerin der Tourismus Zentrale Saarland (TZS) leite ich eine Destination Management Organisation, eine DMO auf Bundeslandebene. Wir entwickeln für die Destination Saarland alle überregional wirksamen

Maßnahmen zur Steigerung der Attraktivität des Bundeslandes als Reiseland. Wir entwickeln Projekte und Produkte („Tafeltouren", „eveloeinfach aufsteigen", „Genussregion"), sind aber auch als Impulsgeber, Berater und Vermarkter der Destination aktiv. Wir führen Marktforschungen durch, betreiben Kooperationen im In- und Ausland mit verschiedenen Partnern und Akteuren und sind Träger verschiedener Qualifizierungsmaßnahmen (z.B. ServiceQualität Deutschland). Die spannende Aufgabe pointiert formuliert war und ist, eine den meisten Deutschen und Ausländern unbekannte Reiseregion („ein Geheimtipp") dahin zu entwickeln, dass sie sich im nationalen wie internationalen Wettbewerb positioniert.

Wie sieht ein typischer Arbeitstag bei Ihnen aus – gibt es diesen überhaupt bei Ihnen?

Ja, den gibt es insofern, das fast jeden Tag aktuelle Dinge kommen, die vorher so nicht eingeplant waren: Presse- oder TV-Anfragen, auf die kurzfristig oder sofort reagiert werden sollte, Zeit für Gesellschafter, Leistungsträger oder Partner, die ein dringendes Anliegen haben, Rückfragen aus dem Team von Projekten, die unmittelbar beantwortet werden sollten, um einige Beispiele zu nennen. Auch Sitzungen und Besprechungen, Besichtigungen, Besuche, Eröffnungen und Veranstaltungen aller Art in der gesamten Region, ebenso wie Vorträge vor Institutionen und Verbänden und der Austausch mit politischen Vertretern gehören zum Repertoire. Manche Tage sind richtig „durchgetaktet". Es gibt Hochphasen, z.B. Anfang des Jahres und die ITB, aber auch ruhigere Phasen. In der Tendenz ist aber festzustellen, dass die Intensität zunimmt. Da hilft es sehr, ein vernünftiges Zeitmanagement zu haben. Eine Erfahrung meinerseits: Genug Zeitfenster für Unvorhergesehenes im Arbeitstag einplanen und genau prüfen, was zu schaffen ist. Daraus entwickelt sich ein Gespür für die Strukturierung des Arbeits- bzw. Wochenplans. Die Ziele und wichtigsten Termine als auch große Projekte des Jahres sollte man auch zu Beginn bereits verinnerlichen. Dann ergibt sich ein Gerüst, woran sich die Aufgaben und Termine strukturieren lassen.

Können Sie etwas zu Ihrem Arbeitspensum (in Wochenstunden) und zum Gehaltsgefüge innerhalb der Tourismusbranche sagen?

In der Regel arbeite ich zwischen acht und zehn Stunden pro Tag und achte darauf, dass Zeit für eine Mittagspause bleibt (eine Stunde). Dies gilt insbesondere für Tage mit Abendterminen, die immer wieder vorkommen, vor allem in der Saison zwischen Mai und Oktober. Dazu zählen Einladungen von Partnern, Institutionen und Vereinen. Außerdem gibt es in diesem Zeitraum gehäufter Wochenendtermine, wie z.B. Eröffnungen von Wander- oder Radwegen, von Ausstellungen oder Kulturveranstaltungen. Die Anzahl solcher Termine hängt jedoch stark vom jeweiligen Aufgabenportfolio ab. Je nachdem sind die Verpflichtungen selten oder eben zahlreicher. Dafür ist es aber auch möglich, selbst zu entscheiden, ob man an ruhigeren Tagen früher geht. Das Gehaltsgefüge in der gesamten Branche kann ich nicht beurteilen. Leider werden bei Gehaltsvergleichen zwar die Dienstleistungs- und Werbebranche als eigenständige Bereiche aufgelistet, der Tourismus fehlt jedoch völlig. Das bedaure ich sehr, denn gemessen an der Gesamtzahl der Beschäftigten überragt der Tourismus bis auf das Handwerk und das Gesundheitswesen alle anderen Branchen. Im Bereich der öffentlich geförderten Marketingorganisationen, wie z.B. die TZS oder vor allem die lokalen und regionalen Tourismusorganisationen (also dort, wo die Mehrheit der potenziellen Arbeitgeber sitzt), wird sich oft am Tarifvertrag der Länder oder Kommunen orientiert. Das ist nicht unbedingt nachteilig, da es durchaus attraktive Gehälter gibt, in der Regel abhängig von Führungsanteilen und Personalverantwortung. Weniger gemessen an Verkaufszahlen. Das kann Vorteile haben, da das touristische Geschäft von sehr vielen von uns nicht beeinflussbaren Faktoren abhängt (z.B. Wetter oder Seuchen) und unbefristete Verträge nicht ungewöhnlich sind. Aber: Der Vergleich ist abhängig von der Bedeutung des Tourismus vor Ort oder in der Region, von der Position der Stelle und davon, mit welchen Unternehmen in der Branche sich verglichen wird. Hier ist es sinnvoll zu differenzieren. Bei Geschäftsführern gelten in der Regel 5-Jahresverträge. Der Vertrag mit seinen Bestandteilen (z.B. Dienstwagen) wird ausgehandelt, lehnt sich ggf. an andere Landesgesellschaften an.

Was sind die Voraussetzungen für Ihre Tätigkeit? Worauf kommt es fachlich, sozial und menschlich/persönlich dabei an?

Es bedarf der richtigen Einstellung für diese Branche. Sie brauchen eine Dienstleistungsmentalität. Der Tourismus ist eine Service- und Dienstleistungsbranche entlang der gesamten operativen Kette. Die Branche arbeitet - wie oben aufgezeigt - am Abend, an Wochenenden und Feiertagen, wie intensiv, hängt vom konkreten Job ab. Daneben zählen Eigenschaften wie Flexibilität im Denken und Handeln, aber auch Zurückhaltung und Besonnenheit, wenn nötig, ein kooperativer Führungsstil bzw. Führungseigenschaften, Mut, Entscheidungsstärke, Kommunikationsstärke, aber auch im richtigen Maß Durchsetzungsvermögen und Überzeugungskraft, daneben Begeisterungsfähigkeit, eine große Leistungsfähigkeit einerseits aber auch Belastbarkeit und Stressresistenz andererseits. Darüber hinaus sind Methodenkenntnisse der empirischen Sozialforschung, z.B. Interviewtechniken, ebenso Konzepterstellung, Rhetorik und Projektmanagement elementare Voraussetzungen. Auch Fremdsprachenkenntnisse (Englisch, Französisch), Internet- und digitale Kenntnisse sind wesentlich. Des Weiteren die Fähigkeit, sich immer wieder in neue Themen einzuarbeiten bzw. sich für sie zu begeistern und auch das Thema Personalführung bis hin zu betriebswirtschaftlichen und kaufmännischen Kenntnissen und allgemein Kenntnisse der Unternehmensführung.

Arbeiten in der Tourismusbranche – bedeutet dies automatisch viel unterwegs zu sein und viel zu reisen?

Nein nicht unbedingt, wobei eine gewisse Reiseintensität, bei mir beispielsweise vor allem bundesweit und ins angrenzende Ausland (Frankreich, Belgien, Luxemburg, Niederlande und Schweiz), unabdingbar ist. Reiseanlässe sind u.a. Sitzungen, Konferenzen oder Meetings mit Partnern. Denn im Sinne einer vertrauensvollen Partnerschaft, regional wie überregional, ist es sinnvoll, nicht alle Termine im eigenen Büro zu machen, sondern innerhalb und außerhalb der Region Sitzungen zu besuchen oder selbst durchzuführen. Eine gewisse Flexibilität ist daher notwendig. Es kommt aber auch mal vor, dass es eine Woche gibt, ohne einen Termin „draußen". Die Reiseintensität hängt stark davon ab, welche Aufgaben innerhalb eines Teams wahrgenommen werden. Es gibt auch Aufgaben mit wenig Reiseaktivität. Und auch die Vereinbarkeit mit Familie und Beruf lässt sich bewerkstelligen. Dazu ist ein gutes Miteinander zwischen Geschäftsleitung und Mitarbeitern/innen Voraussetzung.

Was sind grundsätzlich die Vor- und Nachteile in der Tourismusbranche zu arbeiten?

In jeder Branche gibt es angenehme und weniger angenehme Facetten und eine Menge Routine. Jede/r sollte daher überlegen, ob er/sie sich von den Aspekten der Branche begeistern lässt, sich damit identifizieren kann: Ein hoher

Grad an Abwechslung, ein intensiver Austausch mit unterschiedlichen Akteuren (z.B. Kulturmanagern, Hoteldirektoren, Winzern, landwirtschaftlichen Erzeugern, Politikern oder Werbeagenturen), Führungsaufgaben, eigenständig Entscheidungen treffen, Verantwortung übernehmen, gestaltendes aktives Handeln, eigene Projekte und Ideen entwickeln, Teamarbeit, Kommunikation, Aufbau von Netzwerken, immer wieder Neues kreieren etc.

Haben sich Ihre beruflichen Erwartungen insgesamt bisher erfüllt?

Ja, absolut! Mir macht es nach wie vor viel Spaß.

Können Sie jungen Leuten einen beruflichen Einstieg in die Tourismusbranche empfehlen?

Ja, vor allem, wenn sie über die obengenannten Eigenschaften und Kompetenzen verfügen.

Ausbildung oder Studium oder beides nacheinander? Was ist der bessere Weg heutzutage? Gibt es „den" Königsweg?

Das ist schwer zu beantworten, es hängt auch von der Stelle ab, die angestrebt wird. Mein Eindruck ist, dass diejenigen, die bereits eine Ausbildung absolviert haben, fokussierter sind, eher wissen, worauf es ankommt. Praktische

Kenntnisse, eine gewisse Portion Lebens- und/ oder Berufserfahrung, zum Beispiel durch Praktika, Auslandaufenthalte, Nebenjobs oder auch Arbeit in Vereinen etc. und ebenso Branchenkenntnisse im Speziellen sind auf jeden Fall für den erfolgreichen Einstieg gute Voraussetzungen und ggf. ein Vorteil gegenüber Mitbewerbern. Aber Vorsicht: Sie sollten nicht wie Alibi-Ergebnisse bei einem Praktikum aussehen. Denn je kürzer die praktischen Erfahrungen, desto geringer die Erfahrungstiefe.

Für alle, die Tourismus studieren wollen – reicht der Bachelor-Abschluss heutzutage aus Ihrer Sicht aus oder muss es zwingend der Master-Abschluss sein? Wie erfahren ist die Tourismusbranche mit den neuen Studienabschlüssen?

Das hängt von den Ambitionen ab. Nach meiner Einschätzung sollte derjenige einen Masterabschluss machen, der eine leitende Position/ Führungsaufgabe anstrebt. Wie erfahren die Branche ist, dazu kann ich wenig sagen, denn ich bin mir nicht sicher, ob bei den privaten Unternehmen früher viele mit Diplomabschluss eingestellt wurden. Es gab bereits in der Vergangenheit neben den Diplomstudiengängen der Unis die Abschlüsse verschiedener Fachhochschulen, daher ist es sicher sinnvoll, sich das Renommee der jeweiligen Hochschule für den Bereich Tourismus anzuschauen und welche Fächer, Auslandsaufenthalte bzw. -praktika diese anbieten.

Welche beruflichen Einstiegsmöglichkeiten bietet das Unternehmen, in dem Sie beschäftigt sind, jungen Menschen (z.B. Praktika, Projektarbeiten, Bachelor-/ Master-Thesis, Traineeprogramm, Direkteinstieg)?

Grundsätzlich alle Aufgezählten. Wobei wir kein ausgefeiltes Programm für eine/n Trainee haben. Darüber hinaus bilden wir auch aus. Und wir können uns auch eine duale Ausbildung vorstellen. (Dies haben wir bislang einmal realisiert.)

Was schätzen Sie an Ihren jungen Bewerbern, was vermissen Sie bzw. wo sehen Sie grundlegend noch Verbesserungsbedarf im Ausbildungssystem?

Wir schätzen die Frische und Jugendlichkeit, die zum Teil vorhandene Medienkompetenz, aber leider nur zum Teil, da sie bezogen auf die Anforderungen der Branche vielfach noch zu gering ist. Daneben fehlt es an methodischen Kompetenzen wie Projektmanagement, Erhebungs- oder Interviewtechniken. Außerdem mangelt es oft an der Transformation des Gelernten in die Praxis und häufig ist das Wissen oberflächlich. Nach unseren Erfahrungen mangelt es einfach an praktischer Lebenserfahrung. So kamen früher häufiger Studierende mit Erfahrungen aus elterlichen Betrieben, brachten durch den Nebenjob erworbene Einblicke aus dem Berufsalltag und unternehmerische Strukturen mit, oder soziales Engagement aus Vereinsarbeit oder Fähigkeiten aus dem Sport. Wir vermissen

114

die Fähigkeit zum Erkennen ökonomischer Notwendigkeiten, vor allem wenn vorher keine Ausbildung absolviert wurde. Themen, wie Budgets für Projekte generieren, Finanzierungsansätze zu suchen, zum Beispiel durch die Kenntnisse von Fördermitteln, sind für mich wichtige Inhalte der Ausbildung.

Als Letztes - was würden Sie jungen Schulabgängern, die vor ihrer Berufswahl stehen, mit auf den Weg geben?

Auf die eigenen Stärken vertrauen, ausreichend selbstbewusst sein, sich gut informieren, z.B. wo haben die Landesmarketingorganisationen/ DMO´s Bedarf an Kompetenzen, sich Einblicke verschaffen, Lebenserfahrungen sammeln, mal ein längeres Praktikum als sechs Wochen machen. Bei Sprachkenntnissen nicht nur auf die Kombination Englisch/Spanisch schauen.

Eine selbstgestellte Frage: Passen die Beschreibungen der heutigen Generationen zu den Anforderungen des Berufsalltags oder müssen wir unsere Arbeitskultur neu denken?

HERZLICHEN DANK!!

Unternehmen: Agentur Südtirol Marketing
Kategorie: Destination
Name: Daniela Cermakova
Position: Leitung Marktmanagement
D-A-CH
Internet: www.smg.bz.it

*Warum haben Sie sich beruflich ausge-
rechnet für die Tourismusbranche entschieden?*

Nach dem Studium Dolmetschen und Übersetzen
und Kommunikationswissenschaft habe ich angefangen als freiberufliche Übersetzerin zu
arbeiten und stellte sehr rasch fest, dass ich
nicht nur Inhalte Anderer wiedergeben wollte.
Mir wurde klar, dass es mir darum ging, mich an
der Schnittstelle von Kulturen zu bewegen und
dass man das in der Tourismusbranche auf inte-
ressantere Weise tun kann.

*Wie haben Sie den Einstieg in die
Tourismusbranche gefunden? Welche Ausbildung (Studium) haben Sie absolviert?*

Nach dem ersten Studium in Wien habe ich den
Masterstudiengang für Tourismusmanagement
und regionale Tourismusplanung an der FU in
Berlin absolviert. Während des Masterstudiums
hab ich eine Präferenz für das Destinations-
marketing entwickelt und ein Praktikum in
diesem Bereich absolviert.

116

Würden Sie es noch einmal genauso machen?

Meine Erwartung hat sich bestätigt: In der Tourismusbranche spielt das Vermitteln zwischen Kulturen tatsächlich eine Rolle, daneben gibt es aber auch noch andere spannende Aspekte. Ja, ich würde es wieder so machen!

War es leicht, Fuß zu fassen in der Tourismusbranche?

Während meines Tourismusmanagement-Studiums habe ich ein Praktikum bei der Destination Management Organisation Südtirol Marketing absolviert. Nach dem Studienabschluss kam dann das Angebot für eine feste Stelle. Begonnen habe ich als Online-Redakteurin von suedtirol.info für die Märkte UK, Benelux, Tschechien und Polen. Nach vier Jahren wurde ich Leiterin für die deutschsprachigen Märkte Deutschland, Österreich, Schweiz, was ich bis heute sehr gerne bin.

Was machen Sie zurzeit genau – beschreiben Sie bitte Ihre berufliche Tätigkeit und Ihr Aufgabengebiet!

Die deutschsprachigen Quellmärkte sind für Südtirol die wichtigsten. Alle Marketingaktivitäten dort fallen in meine Zuständigkeit. Das heißt, dass ich Marketingmaßnahmen plane, umsetze, überwache und auswerte. Dabei arbeite ich eng mit einem Agenturnetzwerk in den jeweiligen Märkten zusammen.

117

Wie sieht ein typischer Arbeitstag bei Ihnen aus – gibt es diesen überhaupt bei Ihnen?

Kein Arbeitstag ist wie der andere. Es gibt Tage, die ich fast gänzlich in Meetings verbringe, solche, an denen ich im Büro nur telefoniere, wieder andere bei einem Fotoshooting für eine unserer Kampagnen und immer mal wieder bin ich auf Dienstreise in den Märkten, die ich betreue.

Können Sie etwas zu Ihrem Arbeitspensum (in Wochenstunden) und zum Gehaltsgefüge innerhalb der Tourismusbranche sagen?

Das Arbeitspensum variiert stark. Phasenweise ist meine Arbeit sehr zeitintensiv und mit zahlreichen Überstunden verbunden. Der Tourismusbranche wird nachgesagt, dass man nicht sehr viel verdient. Im Kern mag diese Aussage zutreffen, trotz allem gibt es Tätigkeiten und Bereiche innerhalb der Branche, die sehr lukrativ sind. Der Studienabschluss, die Position, die Praxiserfahrung und die Unternehmensgröße haben dabei einen maßgeblichen Einfluss auf die Gehaltshöhe. Davon abgesehen, ist das Wertvollste, was einem im Job passieren kann, dass man mit Begeisterung an die Sache geht und das in einem angenehmen Betriebsklima.

Was sind die Voraussetzungen für Ihre Tätigkeit? Worauf kommt es fachlich, sozial und menschlich/persönlich dabei an?

Das Interesse an Menschen und ihren Bedürfnissen spielt in meinem Beruf eine wichtige

Rolle. Eine hohe Flexibilität in Bezug auf die sich schnell wandelnde Medienlandschaft ist im Marketing unerlässlich. Koordinationsgabe, Einsatzbereitschaft, Durchsetzungsvermögen und ein freundschaftlicher und respektvoller Umgang mit Kollegen und Geschäftspartnern sind wesentliche Voraussetzungen.

Arbeiten in der Tourismusbranche – bedeutet dies automatisch viel unterwegs zu sein und viel zu reisen?

Kann es bedeuten, tut es aber bestimmt nicht automatisch. In meinem Fall gehört es dazu, dass ich immer wieder in die Quellmärkte reise, die ich betreue. Wenn man Menschen dazu bringen will, irgendwo hinzureisen, ist es unabdingbar zu wissen, wo man sie „abholt".

Was sind grundsätzlich die Vor- und Nachteile in der Tourismusbranche zu arbeiten?

Die große Herausforderung der Tourismusbranche ist die Anfälligkeit bei wirtschaftlichen Krisen. Es gilt darüber hinaus, die wechselnden Bedürfnisse der Kunden zu erkennen und auf das sich ändernde Reiseverhalten richtig zu reagieren. Die Tourismusbranche boomt zurzeit. Aufgrund der hohen Dynamik innerhalb der Tourismuswirtschaft haben sich in den vergangenen Jahren immer wieder Nischenmärkte entwickelt. Also eine spannende Zeit!

Haben sich Ihre beruflichen Erwartungen insgesamt bisher erfüllt?

119

Auf jeden Fall. Ich bin mit dem Verlauf meiner Karriere sehr zufrieden. Ich habe einen Beruf, den ich sehr gerne ausübe.

Können Sie jungen Leuten einen beruflichen Einstieg in die Tourismusbranche empfehlen?

Die Bandbreite an Beschäftigungsmöglichkeiten in der Tourismusbranche ist sehr groß, das macht sie besonders attraktiv. Ich kann die Tourismusbranche daher mit gutem Gewissen empfehlen.

Ausbildung oder Studium oder beides nacheinander? Was ist der bessere Weg heutzutage? Gibt es „den" Königsweg?

Einen Königsweg gibt es meiner Meinung nach nicht. Eine touristische Ausbildung, egal in welcher Form ist wichtig, aber letztlich zählt das persönliche Engagement.

Für alle, die Tourismus studieren wollen – reicht der Bachelor-Abschluss heutzutage aus Ihrer Sicht aus oder muss es zwingend der Master-Abschluss sein? Wie erfahren ist die Tourismusbranche mit den neuen Studienabschlüssen?

Die Konkurrenz wird immer größer, von daher kann ein höherer Hochschulabschluss Einfluss bei der Entscheidung für einen Bewerber, eine Bewerberin haben. Beim Anfangsgehalt kann es auch eine Rolle spielen.

Welche beruflichen Einstiegsmöglichkeiten bietet das Unternehmen, in dem Sie beschäftigt sind, jungen Menschen (z.B. Praktika, Projektarbeiten, Bachelor-/ Master-Thesis, Traineeprogramm, Direkt-einstieg)?

Meinen Job bei Südtirol Marketing bekam ich über ein Praktikum; so erging es auch anderen Mitarbeitern. Dass meine Masterarbeit die Destination Südtirol und deren Erschließung neuer Märkte zum Thema hatte, wirkte sich ebenso positiv aus. Bei Südtirol Marketing gibt es die Möglichkeit, Praktika zu absolvieren, Unterstützung bei Abschlussarbeiten zu erhalten oder auch direkt einzusteigen. Ein Job im Messe-team ist auch eine gute erste Kontaktmöglich-keit.

Was schätzen Sie an Ihren jungen Bewerbern, was vermissen Sie bzw. wo sehen Sie grundlegend noch Verbesse-rungsbedarf im Ausbildungssystem?

Der Praxisbezug in der Ausbildung ist für beide Seiten immer sehr wertvoll. Wenn diese mit fundiertem Wissen untermauert ist, der Bewer-ber Neugierde und einen individuellen Blick von außen mitbringt, freut sich jedes Unternehmen. Eine ausgeprägte Affinität für die Neuen Medien ist jedoch von Vorteil.

Als Letztes - was würden Sie jungen Schul-abgängern, die vor ihrer Berufswahl stehen, mit auf den Weg geben?

Ich kann jedem nur raten, möglichst früh die eigene Leidenschaft zu finden und diese zum Beruf zu machen. Auslandsaufenthalte, Praktika, ehrenamtliche Engagements während oder nach dem Studium helfen dabei, möglichst viel Erfahrung zu sammeln und zu erkennen, wo die eigenen Stärken liegen. Auslandsaufenthalte sind in jedem Lebenslauf, gerade im Tourismus, ein Pluspunkt. Sie zeugen von Flexibilität und Eigenständigkeit.

HERZLICHEN DANK!!

> **Unternehmen:** DRV
> Deutscher ReiseVerband e.V.
> **Kategorie:** Verband
> **Name:** Olaf Collet
> **Position:** Referent Krisenmanagement,
> Marktforschung, Informationstechnologie
> **Internet:** www.drv.de

Warum haben Sie sich beruflich ausgerechnet für die Tourismusbranche entschieden?

Das war eher Zufall. Nach dem Abschluss meines Studiums habe ich durch Kontakt über einen Bekannten bei einem Jugendreiseveranstalter in Berlin begonnen.

Wie haben Sie den Einstieg in die Tourismusbranche gefunden? Welche Ausbildung (Studium) haben Sie absolviert?

Ich habe Volkswirtschaftslehre studiert und das nach ein paar Jahren Berufstätigkeit in der Branche durch ein Aufbaustudium in Tourismusmanagement ergänzt.

Würden Sie es noch einmal genauso machen?

Ja, auf jeden Fall. Durch mein Studium der Volkswirtschaftslehre habe ich gelernt, analytisch zu denken und ein Verständnis für wirtschaftliche Zusammenhänge entwickelt. Während des interdisziplinär angelegten Aufbaustudiums habe ich gelernt, Probleme nicht immer nur durch die Brille des Ökonomen zu sehen, sondern auch andere Aspekte und Überlegungen in die Problemlösung einzubeziehen.

War es leicht, Fuß zu fassen in der Tourismusbranche?

Gerade in den letzten Jahren sind eine ganze Reihe touristischer Studiengänge neu entstanden, so dass die Unternehmen nicht auf die Bewerber warten. Wichtig ist, schon während des Studiums – beispielsweise durch Praktika – persönliche Kontakte aufzubauen. Diese können einem beim Einstieg ins Berufsleben helfen.

Was machen Sie zurzeit genau – beschreiben Sie bitte Ihre berufliche Tätigkeit und Ihr Aufgabengebiet!

Ich bin als Referent beim Deutschen ReiseVerband für eine Reihe unterschiedlicher Themenbereiche verantwortlich. Meine Aufgabe ist deshalb sehr vielfältig und reicht von betriebswirtschaftlichen Fragestellungen rund um das Verbandsbudget und die Geschäftsführung unseres Tochterunternehmens DRV Service GmbH über die Analyse und Aufbereitung aktueller Entwicklungen für die Mitgliedsunternehmen bis hin zu Kontakten zu Regierungsstellen im Rahmen des Krisenmanagements der Branche.

Wie sieht ein typischer Arbeitstag bei Ihnen aus – gibt es diesen überhaupt bei Ihnen?

Aufgrund der Vielzahl der Themen gibt es keinen typischen Arbeitstag. Die Aufgaben hängen von den aktuellen Themen und deren Priorisierung ab, sind aber auf jeden Fall interessant, auch weil man jeden Tag persönliche Kontakte zu vielen in der Branche Tätigen hat.

Können Sie etwas zu Ihrem Arbeitspensum (in Wochenstunden) und zum Gehaltsgefüge innerhalb der Tourismusbranche sagen?

Es handelt sich sicher nicht um einen typischen Bürojob mit Arbeitszeiten von 9 bis 17 Uhr. Gerade in Krisensituationen, wie z.B. der Vulkanaschewolke aus Island und den aktuellen Entwicklungen in Ägypten, ist eine schnelle Reaktion der Branche notwendig – dies auch abends und am Wochenende.

Was sind die Voraussetzungen für Ihre Tätigkeit? Worauf kommt es fachlich, sozial und menschlich/persönlich dabei an?

Wichtig sind detaillierte Branchenkenntnisse, eine gute Vernetzung innerhalb der Branche und die Fähigkeit, sich in neue Themen schnell hineinzudenken.

Arbeiten in der Tourismusbranche – bedeutet dies automatisch viel unterwegs zu sein und viel zu reisen?

Natürlich bedeutet die Tätigkeit in der Tourismusbranche auch, dass man zu Gesprächen,

Kongressen und Tagungen reist. Den größten Teil meiner Arbeitszeit bin ich aber in unserem Büro in Berlin.

Was sind grundsätzlich die Vor- und Nachteile in der Tourismusbranche zu arbeiten?

Ein Vorteil sind die vielen spannenden Themen, mit denen man arbeitet und auch die zahlreichen persönlichen Kontakte - sowohl in Deutschland als auch in anderen Ländern.

Haben sich Ihre beruflichen Erwartungen insgesamt bisher erfüllt?

Ja, ich habe eine interessante Tätigkeit in einem spannenden Umfeld und würde sagen, dass sich meine Erwartungen mehr als erfüllt haben.

Können Sie jungen Leuten einen beruflichen Einstieg in die Tourismusbranche empfehlen?

Auf jeden Fall – es gibt sicher nicht viele Branchen mit einem so weiten Feld an Tätigkeiten.

Ausbildung oder Studium oder beides nacheinander? Was ist der bessere Weg heutzutage? Gibt es „den" Königsweg?

Das kann man aufgrund der Vielzahl der Tätigkeitsfelder in der Branche schwer sagen. Ich denke aber, dass einem ein Studium mehr unterschiedliche Möglichkeiten für einen Einstieg in die Branche ermöglicht.

Welche beruflichen Einstiegsmöglichkeiten bietet das Unternehmen, in dem Sie beschäftigt sind, jungen Menschen (z.B. Praktika, Projektarbeiten, Bachelor-/ Master-Thesis, Traineeprogramm, Direkteinstieg)?

Es gibt sowohl beim DRV als auch beim Tochterunternehmen DRV Service GmbH die Möglichkeit Praktika in verschiedenen Bereichen zu absolvieren.

Als Letztes - was würden Sie jungen Schulabgängern, die vor ihrer Berufswahl stehen, mit auf den Weg geben?

Wichtiger als die Frage des Einkommens ist es sich darüber klar zu werden, welche Tätigkeit man wirklich ausüben möchte, wo man seine Stärken und Schwächen hat und was einem auch Spaß macht. Dann wird man insgesamt eine größere Zufriedenheit erreichen, als bei einem Job, der eventuell besser bezahlt ist, einem aber überhaupt keinen Spaß macht.

HERZLICHEN DANK!!

Unternehmen: EBC Hochschule Hamburg
Kategorie: Bildung/Hochschule
Name: Prof. Dr. Antje Wolf
Position: Professorin für Tourismus- und Eventmanagement
Internet: www.ebc-hochschule.de

Warum haben Sie sich beruflich ausgerechnet für die Tourismusbranche entschieden?

Die Reisebranche hat mich schon immer fasziniert, ich wusste bereits während meiner Schulzeit, dass ich in die Tourismusbranche möchte.

Wie haben Sie den Einstieg in die Tourismusbranche gefunden? Welche Ausbildung (Studium) haben Sie absolviert?

Ich habe Fremdenverkehrsgeographie/Angewandte Geographie in Trier studiert. Einen Studiengang, der auf betriebswirtschaftlichen Grundlagen aufbauend, die unterschiedlichen Facetten des Tourismus, verknüpft mit planerischen Aspekten, beleuchtet.

Würden Sie es noch einmal genauso machen?

Definitiv. Im Studium habe ich gelernt, mich zu organisieren, Sachverhalte im Kontext zu betrachten und mich mit den unterschiedlichsten Themen kritisch auseinanderzusetzen. Das prägt mich bis heute.

War es leicht, Fuß zu fassen in der Tourismusbranche?

Es ist in der Regel nicht so, dass die Unternehmen auf einen „Frischling" von der Universität oder Fachhochschule warten. Auch ist die Anzahl der Mitbewerber hoch. Ich bin direkt nach meinem Studium in einer Destination untergekommen, zunächst als freie Mitarbeiterin, dann in Festanstellung. Mein Glück war, dass ich einen tollen Chef hatte, der mich Vieles machen lassen hat und als eine Art Mentor fungiert hat. Rückblickend war der Einstieg in die Branche nach dem Studium die schwierigste Hürde. Alles was danach kam, war völlig unproblematisch. Im Tourismus spielen Beziehungen eine wesentliche Rolle.

Was machen Sie zurzeit genau – beschreiben Sie bitte Ihre berufliche Tätigkeit und Ihr Aufgabengebiet!

Derzeit bin ich als Professorin an der EBC Hochschule in Hamburg, einer privaten, staatlich anerkannten Fachhochschule, tätig. Der Schwerpunkt meiner Arbeit liegt auf der Durchführung der Lehre und wenn es die Zeit zulässt, das ist meistens in den Sommermonaten der Fall, forsche ich zu unterschiedlichen Themen im Tourismus und auch Eventbereich, die ich für besonders spannend halte.

Wie sieht ein typischer Arbeitstag bei Ihnen aus – gibt es diesen überhaupt bei Ihnen?

Nein. Jeder Arbeitstag sieht anders aus. Zumindest ist er sehr abwechslungsreich, alleine deshalb, weil ich (fast) jeden Tag mit meinen Studierenden zu tun habe.

Können Sie etwas zu Ihrem Arbeitspensum (in Wochenstunden) und zum Gehaltsgefüge innerhalb der Tourismusbranche sagen?

Im laufenden Semester arbeite ich relativ viel, auch abends nach meinen Vorlesungen. In den Semesterferien ist es natürlich deutlich entspannter, weil ich mir dann zumindest selbst die Zeit einteilen kann und den Dingen nachgehen kann, die in meinem Forschungsinteresse liegen.

Das Gehalt ist immer Thema bei meinen Studierenden; prinzipiell rate ich davon ab, sich nur daran zu orientieren. Was nützt ein Job, indem das Gehalt „stimmt", man aber keinen Spaß daran hat. Womöglich hält man es dann dort nicht allzu lange aus.

Was sind die Voraussetzungen für Ihre Tätigkeit? Worauf kommt es fachlich, sozial und menschlich/persönlich dabei an?

Zunächst braucht es die fachliche Voraussetzung. Ohne Promotion kann man üblicherweise nicht für eine Professur berufen werden. Ansonsten sind sicher die „soft skills" entscheidend: sie sollten gerne mit Menschen zusammenarbeiten, ihnen etwas beibringen wollen, sich in sie hineinversetzen können. Und: Sie müssen definitiv belastbar und konfliktfähig sein.

Arbeiten in der Tourismusbranche – bedeutet dies automatisch viel unterwegs zu sein und viel zu reisen?

Das hängt eindeutig von der Tätigkeit ab, die ausgeübt wird. Bei mir ist es die richtige Mischung aus vor Ort zu lehren, dann aber auch im Rahmen von Tagungen und Konferenzen unterwegs zu sein, um meine Forschungsergebnisse zu präsentieren.

Was sind grundsätzlich die Vor- und Nachteile in der Tourismusbranche zu arbeiten?

Die Vorteile sind der Facettenreichtum der Branche, die Internationalität, eine abwechslungsreiche Arbeit und das Kennenlernen von vielen spannenden Menschen. Nachteile sehe ich persönlich keine.

Haben sich Ihre beruflichen Erwartungen insgesamt bisher erfüllt?

Absolut; ich habe relativ schnell den wissenschaftlichen Karriereweg beschritten und bin jetzt dort, wo ich immer hin wollte.

Können Sie jungen Leuten einen beruflichen Einstieg in die Tourismusbranche empfehlen?

Die Tourismusbranche hat etwas Faszinierendes: Hat man dort einmal den Einstieg gefunden, will man nie wieder weg! Ich kann es nur jedem empfehlen, der gerne mit Menschen zu tun hat und keinen Nine-To-Five-Job sucht.

Ausbildung oder Studium oder beides nacheinander? Was ist der bessere Weg heutzutage? Gibt es „den" Königsweg?

Es gibt sicherlich keinen Königsweg. Der Vorteil zu studieren, liegt sicher darin, dass man als Absolvent ein größeres Spektrum an Möglichkeiten (im Vergleich zu einer spezialisierten Ausbildung) hat, in den unterschiedlichsten Bereichen des Tourismus Fuß zu fassen.

Für alle, die Tourismus studieren wollen – reicht der Bachelor-Abschluss heutzutage aus Ihrer Sicht aus oder muss es zwingend der Master-Abschluss sein? Wie erfahren ist die Tourismusbranche mit den neuen Studienabschlüssen?

In der Tourismusbranche ist seit einigen Jahren eine Akademisierung erkennbar; Akademiker werden zunehmend benötigt, weil Managementaufgaben in Unternehmen eine immer größer werdende Rolle spielen. Die bisher gemachten Erfahrungen mit Bachelor- oder Masterabschlüssen in der Tourismusbranche sind aber sicherlich noch nicht ausreichend. Als problematisch bewerte ich eher die mit dem Bologna-Prozess einhergehenden kürzeren Studienzeiten, da dadurch die Studierenden meines Erachtens zu wenig Zeit haben, sich persönlich (weiter) zu entwickeln. Für mich bedeutet Studieren, neben der Aneignung von Fachwissen, zu lernen, sich zu strukturieren, zu organisieren und ein gutes Zeitmanagement zu entwickeln und vor allem in

132

seiner Persönlichkeit zu reifen. Dafür reicht manchen ein Bachelor-Abschluss, manchen (leider) nicht.

Was schätzen Sie an Ihren jungen Bewerbern, was vermissen Sie bzw. wo sehen Sie grundlegend noch Verbesserungsbedarf im Ausbildungssystem?

Ich schätze die Kreativität der Studierenden und deren oftmals zielorientiertes, sehr straightes Vorgehen. Ich vermisse hingegen oftmals eine kritischere Auseinandersetzung mit Sachverhalten und auch eine stärkere Reflexion des eigenen Verhaltens. Und: Ich wünsche meinen Studierenden die Erkenntnis, dass gute Noten nicht „alles" im Leben sind. Noten sagen im derzeitigen Hochschulalltag nicht unbedingt viel über die wirklichen Fähigkeiten eines Studierenden aus; Noten besagen häufig eher nur, ob ein Studierender gut darin ist, Dinge auswendig zu lernen. Den Verbesserungsbedarf in der Hochschullandschaft sehe ich folglich vor allem in einer Abkehr vom „Bulimie-Lernen" hin zu einer besseren Lern- und Lehrkultur.

Als Letztes - was würden Sie jungen Schulabgängern, die vor ihrer Berufswahl stehen, mit auf den Weg geben?

Mehrere Dinge erscheinen mir wichtig: Neben dem fachlichen Wissen spielt die soziale Kompetenz, wie Respekt, Empathie, Freundlichkeit und Höflichkeit gegenüber anderen Menschen eine wichtige und entscheidende Rolle im Leben allgemein und auch im Job. Suchen Sie einen Beruf, in dem Sie gut verdienen wollen, dann ist die Branche womöglich nicht das Richtige. Suchen Sie eine spannende, abwechslungsreiche Tätigkeit und haben gern mit Menschen zu tun, dann sind Sie im Tourismus gut aufgehoben. Was auch immer Sie tun: „Konsumieren" Sie nicht nur, hinterfragen Sie Dinge, betrachten Sie sie aus unterschiedlichen Perspektiven. Bleiben Sie neugierig, und: Sie werden immer nur dann gut in Ihrem Job sein, wenn Sie hinter dem, was sie tun, stehen und Begeisterung und Leidenschaft zeigen!

HERZLICHEN DANK!!